中国重要农业文化遗产系列读本

中国重要农业文化遗产
China Nationally Important Agricultural Heritage Systems

云南红河
哈尼稻作梯田系统

YUNNAN HONGHE

HANI DAOZUO TITIAN XITONG

闵庆文　邵建成◎丛书主编

闵庆文　田　密◎主编

中国农业出版社

图书在版编目（CIP）数据

云南红河哈尼稻作梯田系统/闵庆文，田密主编．--北京：
中国农业出版社，2014.10
（中国重要农业文化遗产系列读本/闵庆文，邵建成主编）
ISBN 978-7-109-19572-1

Ⅰ.①云… Ⅱ.①闵…②田… Ⅲ.①哈尼族—梯田—民族文
化—红河哈尼族彝族自治州 Ⅳ.① K285.4

中国版本图书馆CIP数据核字（2014）第226399号

中国农业出版社出版
（北京市朝阳区麦子店街18号楼）
（邮政编码 100125）
责任编辑 刘宁波 吕 睿

北京中科印刷有限公司印刷 新华书店北京发行所发行
2015年10月第1版 2015年10月北京第1次印刷

开本：710mm×1000mm 1/16 印张：10.75
字数：237千字
定价：39.00元
（凡本版图书出现印刷、装订错误，请向出版社发行部调换）

编写委员会

丛书主编：闵庆文　邵建成

主　　编：闵庆文　田　密

副 主 编：张红榛　角媛梅　刘　珊

编　　委（按姓名笔画排序）：

史媛媛　白艳莹　刘某承　孙业红

李　旭　李　静　李赟立　杨　靖

杨沙斗　何　露　张洪康　袁　正

丛书策划：宋　毅　刘博浩

重要农业文化遗产是沉睡农耕文明的呼唤者，是濒危多样物种的拯救者，是悠久历史文化的传承者，是可持续性农业的活态保护者。

重要农业文化遗产——源远流长

回顾历史长河，重要农业文化遗产的昨天，源远流长，星光熠熠，悠久历史积淀下来的农耕文明凝聚着祖先的智慧结晶。中国是世界农业最早的起源地之一，悠久的农业对中华民族的生存发展和文明创造产生了深远的影响，中华文明起源于农耕文明。距今1万年前的新石器时代，人们学会了种植谷物与驯养牲畜，开始农业生产，很多人类不可或缺的重要农作物起源于中国。

《诗经》中描绘了古时农业大发展，春耕夏耘秋收的农耕景象："畟畟良耜，俶载南亩。播厥百谷，实函斯活。或来瞻女，载筐及莒，其饟伊黍。其笠伊纠，其镈斯赵，以薅荼蓼。荼蓼朽止，黍稷茂止。获之挃挃，积之栗栗。其崇如墉，其比如栉。以开百室，百室盈止。"又有诗云"绿遍山原白满川，子规声里雨如烟。乡村四月闲人少，才了蚕桑又插田"。《诗经·周颂》云"载芟，春籍田而祈社稷也"，每逢春耕，天子都要率诸侯行观耕藉田礼。至此中华五千年沉淀下了悠久深厚的农耕文明。

农耕文明是我国古代农业文明的主要载体，是孕育中华文明的重要组成部分，是中华文明立足传承之根基。中华民族在长达数千年的生息发展过程中，凭借着独特而多样的自然条件和人类的勤劳与智慧，创造了种类繁多、特色明显、经济与生态价值高度统一的传统农业生产系统，不仅推动了农业的发展，保障了百姓的生计，促进了社会的进步，也由此衍生和创造了悠久灿烂的中华文明，是老祖宗留给我们的宝贵遗产。千岭万壑中鳞次栉比的梯田，烟波浩渺的古茶庄园，波光粼粼和谐共生的稻鱼系统，广袤无垠的草原游牧部落，见证着祖先吃苦耐劳和生生不息的精神，孕育着自然美、生态美、人文美、和谐美。

重要农业文化遗产——传承保护

时至今日，我国农耕文化中的许多理念、思想和对自然规律的认知，在现代生活中仍具有很强的应用价值，在农民的日常生活和农业生产中仍起着潜移默化的作用，在保护民族特色、传承文化传统中发挥着重要的基础作用。挖掘、保护、传承和利用我国重要农业文化遗产，不仅对弘扬中华农业文化，增强国民对民族文化的认同感、自豪感，以及促进农业可持续发展具有重要意义，而且把重要农业文化遗产作为丰富休闲农业的历史文化资源和景观资源加以开发利用，能够增强产业发展后劲，带动遗产地农民就业增收，实现在利用中传承和保护。

习近平总书记曾在中央农村工作会议上指出，"农耕文化是我国农业的宝贵财富，是中华文化的重要组成部分，不仅不能丢，而且要不断发扬光大"。2015年，中央一号文件指出要"积极开发农业多种功能，挖掘乡村生态休闲、旅游观光、文化教育价值。扶持建设一批具有历史、地域、民族特点的特色景观旅游村镇，打造形式多样、特色鲜明的乡村旅游休闲产品"。2015政府工作报告提出"文化是民族的精神命脉和创造源泉。要践行社会主义核心价值观，弘扬中华优秀传统文化。重视文物、非物质文化遗产保护"。当前，深入贯彻中央有关决策部署，采取切实可行的措施，加快中国重要农业文化遗产的发掘、保护、传承和利用工作，是各级农业行政管理部门的一项重要职责和使命。

由于尚缺乏系统有效的保护，在经济快速发展、城镇化加快推进和现代技术应用的过程中，一些重要农业文化遗产正面临着被破坏、被遗忘、被抛弃的危险。近年来，农业部高度重视重要农业文化遗产挖掘保护工作，按照"在发掘中保护、在利用中传承"的思路，在全国部署开展了中国重要农业文化遗产发掘工作。发掘农业文化遗产的历史价值、文化和社会功能，探索传承的途径、方法，逐步形成中国重要农业文化遗产动态保护机制，努力实现文化、生态、社会和经济效益的统一，推动遗产地经济社会协调可持续发展。组建农业部全球重要农业文化遗产专家委员会，制定《中国重要农业文化遗产认定标准》《中国重要农业文化遗产申报书编写导则》和《农业文化遗产保护与发展规划编写导则》，指导有关省区市积极申报。认定了云南红河哈尼稻作梯田系统、江苏兴化垛田传统农业系统等39个中国重要农业文化遗产，其中全球重要农业文化遗产11个，数量占全球重要农业文化遗产总数的35%，目前，第三批中国重要农业文化遗产发掘工作也已启动。这些遗产包括传统稻作系统、特色农业系统、复合农业系统和传统特色果园等多种类型，具有悠久的历史渊源、独特的农业产品、丰富的生物资源、完善的知识技术体系以及较高的美学和文化价值，在活态性、适应性、复合性、战略性、多功能性和濒危性等方面具有显著特征。

重要农业文化遗产——灿烂辉煌

重要农业文化遗产有着源远流长的昨天，现今，我们致力于做好传承保护工作，相信未来将会迎来更加灿烂辉煌的明天。发掘农业文化遗产是传承弘扬中华文化的重要内容。农业文化遗产蕴含着天人合一、以人为本、取物顺时、循环利用的哲学思想，具有较高的经济、文化、生态、社会和科研价值，是中华民族的文化瑰宝。

未来工作要强调对于兼具生产功能、文化功能、生态功能等为一体的农业文化遗产的科学认识，不断完善管理办法，逐步建立"政府主导、多方参与、分级管理"的体制；强调"生产性保护"对于农业文化遗产保护的重要性，逐步建立农业文化遗产的动态保护与适应性管理机制，探索农业生态补偿、特色优质农产品开发、休闲农业与乡村旅游发展等方面的途径；深刻认识农业文化遗产保护的必要性、紧迫性、艰巨性，探索农业文化遗产保护与现代农业发展协调机制，特别要重视生态环境脆弱、民族文化丰厚、经济发展落后地区的农业文化遗产发掘、确定与保护、利用工作。各级农业行政管理部门要加大工作指导，对已经认定的中国重要农业文化遗产，督促遗产所在地按照要求树立遗产标识，按照申报时编制的保护发展规划和管理办法做好工作。要继续重点遴选重要农业文化遗产，列入中国重要农业文化遗产和全球重要农业文化遗产名录。同时要加大宣传推介，营造良好的社会环境，深挖农业文化遗产的精神内涵和精髓，并以动态保护的形式进行展示，能够向公众宣传优秀的生态哲学思想，提高大众的保护意识，带动全社会对民族文化的关注和认知，促进中华文化的传承和弘扬。

由农业部农产品加工局（乡镇企业局）指导，中国农业出版社出版的"中国重要农业文化遗产系列读本"是对我国农业文化遗产的一次系统真实的记录和生动的展示，相信丛书的出版将在我国重要文化遗产发掘保护中发挥重要意义和积极作用。未来，农耕文明的火种仍将亘古延续，和天地并存，与日月同辉，发掘和保护好祖先留下的这些宝贵财富，任重道远，我们将在这条道路上继续前行，力图为人类社会发展做出新贡献。

农业部党组成员

自人类历史文明以来，勤劳的中国人民运用自己的聪明智慧，与自然共融共存，依山而住、傍水而居，经一代代的努力和积累创造出了悠久而灿烂的中华农耕文明，成为中华传统文化的重要基础和组成部分，并曾引领世界农业文明数千年，其中所蕴含的丰富的生态哲学思想和生态农业理念，至今对于国际可持续农业的发展依然具有重要的指导意义和参考价值。

针对工业化农业所造成的农业生物多样性丧失、农业生态系统功能退化、农业生态环境质量下降、农业可持续发展能力减弱、农业文化传承受阻等问题，联合国粮农组织（FAO）于2002年在全球环境基金（GEF）等国际组织和有关国家政府的支持下，发起了"全球重要农业文化遗产（GIAHS）"项目，以发掘、保护、利用、传承世界范围内具有重要意义的，包括农业物种资源与生物多样性、传统知识和技术、农业生态与文化景观、农业可持续发展模式等在内的传统农业系统。

全球重要农业文化遗产的概念和理念甫一提出，就得到了国际社会的广泛响应和支持。截至2014年底，已有13个国家的31项传统农业系统被列入GIAHS保护名录。经过努力，在今年6月刚刚结束的联合国粮农组织大会上，已明确将GIAHS工作作为一项重要工作，并纳入常规预算支持。

　　中国是最早响应并积极支持该项工作的国家之一，并在全球重要农业文化遗产申报与保护、中国重要农业文化遗产发掘与保护、推进重要农业文化遗产领域的国际合作、促进遗产地居民和全社会农业文化遗产保护意识的提高、促进遗产地经济社会可持续发展和传统文化传承、人才培养与能力建设、农业文化遗产价值评估和动态保护机制与途径探索等方面取得了令世人瞩目的成绩，成为全球农业文化遗产保护的榜样，成为理论和实践高度融合的新的学科生长点、农业国际合作的特色工作、美丽乡村建设和农村生态文明建设的重要抓手。自2005年"浙江青田稻鱼共生系统"被列为首批"全球重要农业文化遗产系统"以来的10年间，我国已拥有11个全球重要农业文化遗产，居于世界各国之首；2012年开展中国重要农业文化遗产发掘与保护，2013年和2014年共有39个项目得到认定，成为最早开展国家级农业文化遗产发掘与保护的国家；重要农业文化遗产管理的体制与机制趋于完善，并初步建立了"保护优先、合理利用，整体保护、协调发展，动态保护、功能拓展，多方参与、惠益共享"的保护方针和"政府主导、分级管理、多方参与"的管理机制；从历史文化、系统功能、动态保护、发展战略等方面开展了多学科综合研究，初步形成了一支包括农业历史、农业生态、农业经济、农业政策、农业旅游、乡村发展、农业民俗以及民族学与人类学等领域专家在内的研究队伍；通过技术指导、示范带动等多种途径，有效保护了遗产地农业生物多样性与传统文化，促进了农业与农村的可持续发展，提高了农户的文化自觉性和自豪感，改善了农村生态环境，带动了休闲农业与乡村旅游的发展，提高了农民收入与农村经济发展水平，产生了良好的生态效益、社会效益和经济效益。

　　习近平总书记指出，农耕文化是我国农业的宝贵财富，是中华文化的重要组成部分，不仅不能丢，而且要不断发扬光大。农村是我国传统文明的发源地，乡土文化的根不能断，农村不能成为荒芜的农村、留守的农村、记忆中的故园。这是对我国农业文化遗产重要性的高度概括，也为我国农业文化遗产的保护与发展指明了方向。

　　尽管中国在农业文化遗产保护与发展上已处于世界领先地位，但比较而言仍然属于"新生事物"，仍有很多人对农业文化遗产的价值和保护重要性缺乏认识，加强科普宣传仍然有很长的路要走。在农业部农产品加工局（乡镇企业局）的支持下，中国农业出版社组织、闵庆文研究员担任丛书主编的这套"中国重要农业文化遗产系列读本"，无疑是农业文化遗产保护宣传方面的一个有益尝试。每本书均由参与遗产申报的科研人员和地方管理人员共同完成，力图以朴实的语言、图文并茂的形式，全面介绍各农业文化遗产的系统特征与价值、传统知识与技术、生态文化与景观以及保护与发展等内容，并附以地方旅游景点、特色饮食、天气条件。可以说，这套书既是读者了解我国农业文化遗产宝贵财富的参考书，同时又是一套农业文化遗产地旅游的导游书。

　　我十分乐意向大家推荐这套丛书，也期望通过这套书的出版发行，使更多的人关注和参与到农业文化遗产的保护工作中来，为我国农业文化的传承与弘扬、农业的可持续发展、美丽乡村的建设作出贡献。

　　是为序。

李文华

中国工程院院士

联合国粮农组织全球重要农业文化遗产指导委员会主席

农业部全球/中国重要农业文化遗产专家委员会主任委员

中国农学会农业文化遗产分会主任委员

中国科学院地理科学与资源研究所自然与文化遗产研究中心主任

2015年6月30日

前言

红河哈尼梯田位于云南省南部，红河南岸的大起伏中山地带。这里是以山高谷深的奇绝地貌和罕见的生物多样性而闻名的横断山区东缘，是穿越中国和越南的国际河流——红河流域的中心，也是古老而独特的稻作梯田民族——哈尼族的主要聚居区域。在有史可考的1 300余年，以哈尼族为代表的世居民族凭借坚忍的性格、顽强的精神和生存的智慧，在此建设村寨、开垦梯田、种植水稻，创造了在此区域内广泛分布的水稻梯田景观，以其绝妙的景观、悠久的历史，特别是保存良好的传统农业系统而闻名于世。仅在云南省红河哈尼族彝族自治州的元阳、红河、金平、绿春四县，梯田面积就达85万亩*。规模宏大的梯田广泛分布在低纬度海拔700~2 000米之间的山区，最高级数达5 000级左右，坡度最高达75度。森林-村落-梯田-水系"四度同构"的生态景观结构，是亚热带山岳地区稻作生态农业的杰出范例，其中还蕴含着适应地方农事节气等自然地理特征的传统知识和文化体系，充分展示了人类高度的智慧、超凡的忍耐力与乐观的创造精神。2010年，云南红河哈尼稻作梯田系统被联合国粮农组织认定为全球重要农业文化遗产（GIAHS），2013年又入选农业部首批中国重要农业文化遗产（China-NIAIIS），同年成功列入联合国教科文组织世界文化遗产名录，成为我国第一个以民族名称命名的世界文化遗产，同时也是我国第一个以农耕文化为主题的世界文化遗产。

本书是中国农业出版社生活文教分社策划出版的"中国重要农业文化遗产系列读本"之一，旨在为广大读者打开一扇了解红河哈尼稻作梯田农业系统这一重

---

* 亩为非法定计量单位，1亩≈667平方米。

要农业文化遗产的窗口，提高全社会对农业文化遗产及其价值的认识和保护意识。全书包括九个部分："引言"简要介绍了红河哈尼稻作梯田系统的概况；"梯田，山地民族智慧的结晶"介绍了世界山地农业文明的发展及我国梯田的开垦历史；"哈尼梯田，稻作农业的典范"介绍了梯田在种质资源、生物多样性、景观等方面的独特价值；"梯田人生，哈尼物语"阐述了哈尼族的迁徙史及民族文化的形成；"维系千年的生态哲学"较为详细地介绍了系统中森林、村落、梯田、水系等组成要素；"农耕之道，遵循章法"介绍了梯田有序的农耕活动及巧妙的资源管理；"文化传承，载之乡土"梳理了哈尼梯田地区的民俗、村寨、服饰、饮食以及文学艺术；"改变正在发生"提出了当前哈尼梯田可持续发展存在的威胁与挑战及保护途径与对策；"附录"部分提供了遗产旅游资讯、遗产保护大事记及全球/中国重要农业文化遗产名录。

本书是在红河哈尼稻作梯田系统农业文化遗产申报文本、保护与发展规划的基础上，通过进一步调研而编写完成的，是集体智慧的结晶。全书由闵庆文、田密设计框架，闵庆文、田密、张红榛、角媛梅、刘珊统稿。本书编写过程中，得到了李文华院士的具体指导及红河州、有关县部门和领导的大力支持，在此一并表示感谢！

由于水平有限，难免存在不当甚至谬误之处，敬请读者批评指正。

编 者

2015年7月12日

目 录

红河州是哈尼梯田的"故乡"，也是梯田文化的重要发源地。哈尼梯田是以哈尼族为主的红河州各族人民倾注数十代的智慧与心力、历经1 300多年开垦而成的生态农业奇观。它不仅是一幅气势恢宏的农耕山水画卷，更是世界农耕文明的典范和宝贵遗产。

规模宏大的哈尼梯田（张洪康/摄）

哈尼梯田主要分布在红河南岸的哀牢山脉，整个红河两岸，红河、元阳、绿春、金平、墨江、元江等县，凡有哈尼人的地方都会有规模宏大的梯田。其中，老虎嘴、多依树、坝达、箐口、撒玛坝等几处最为壮观。含蓄的山谷因梯田的粼粼波光而凸显生动，梯田的色彩变幻与寨、林、云海交相辉映，清晨朝霞、落日

注：全书未标注出处图片均由红河州世界遗产管理局提供。

余晖、清凉流水，其境其景，异常秀美。哈尼梯田延绵哀牢山脉达85万亩，垂直落差1 500多米；层层梯田拾级而上，最高可达5 000多级，有时田埂有5~6米高。而1000多年前的哈尼人，在没有火炮、炸药作为助力的条件下，利用独特的地理条件，实现了"山有多高，水有多高"的自流灌溉体系，并且世世代代在这样险峻的山崖间开渠挖田、辛苦劳作。景色美、落差大、层级多、规模大、历史长、持续久、技艺高，无怪乎众人赞叹称奇。

哈尼梯田实现了人与自然高度的融合（戴云良/摄）

红河哈尼梯田的魅力不仅在其表，更在其里。哈尼人是山地民族，是大山的后代，在拥有自己的生存家园的同时，还拥有自己的精神王国。他们在巧妙利用山地气候和水土资源方面，表现了高明的智慧和卓越的能力。他们充分考虑自然地理条件，开创了森林—村落—梯田—水系"四度同构"的复合农业文化生态系统。山腰气候温和，冬暖夏凉，十分宜居，适于建村；村寨上方茂密的森林，有利于水源涵养，使山泉、溪涧常年有水，人畜用水和梯田灌溉都有保障，同时山林中的动植物又可为人们提供肉食和蔬菜；村下开垦万阶梯田，既便于引水灌

梯田生态农业系统

溉，满足水稻生长，又利于从村里运送人畜粪便施于田间。梯田在建造上完全顺应等高线，减少了动用的土方，又防止了水土流失。这种结构实现了人与自然高度的融合，体现了结构合理、功能完备、价值多样、自我调节能力强的生态农业的特征。

哈尼族是山地稻作民族，创造了与自然景观同样丰富的稻作文化。千百年来，劳动人民创造了独具特色的农耕技术和相应的文化习俗活动，形成了系统的文化现象和独特的农业生产方式，使得这一农业文化遗产长期因农业这一经济活动保持着生态、社会与文化价值。例如，一般的现代稻种经过3~5年种植后，就会出现品种退化而难以持续种植，但哈尼人培育的红米，能够在海拔1 400米以上生存，具有极为稳定的遗传特征和极强的适应性。再如，哈尼梯田合理的林水结构、分水制度、泡田方法、以及水冲肥技术等，均为有效保护和合理利用水资源、维持农田肥力的技术与管理策略。又如，十月年、六月年、吃新节、端午节和中秋节等农业民俗节庆，至今仍为哈尼族所重视和庆祝。更为重要的是，在这样一个独特的复合农业生态系统中，人始终是重要的参与者。哈尼人因时、因地制宜的适应性管理理念，使其生产与生活方式随历史的发展而与自然协同进化。

他们对大自然所表现出的友善的人类情谊，值得全人类关注与学习。

哈尼梯田凭借其令人惊叹的生态与文化景观、丰富的生物与文化多样性、巧夺天工的农耕技术，以及科学合理的生态系统结构，为当地人民提供了食物与生计保障，将劳动人民长期以来适应自然的生态文化成就集以大成。更加难能可贵的是，哈尼梯田以水资源管理为核心的技术体系，为当今和未来社会的人们应对全球环境变化，缓解水、土、森林资源危机提供了宝贵的借鉴和启示。

在梯田边成长的哈尼人（袁正/摄）

一

梯田，山地民族智慧的结晶

山地是万物生长的乐园，是人类文明的摇篮。占陆地面积50％左右的山区，地理环境复杂多样，又拥有独特而丰富的资源，是天然的动物园和植物园。生活在那里的人们充分运用智慧，巧妙地将阻碍他们与外界交流的大山改造为生计的保障，梯田就是这种智慧的集中体现。

生活在世界上不同山区的人们，不约而同地采用了同一种耕作方式，而且维系了2 000余年。梯田能有如此强大的生命力，归根结底是源于人们对理想生活的向往、对富足生活的追求、对自然规律的尊重以及克服恶劣条件的信念。同时，民族群体间友好协作、与自然和谐相处的朴素理念，在其中也发挥着重要作用。

（一）山地农业文明的缘起

山地民族的文化、艺术、思维、宗教、历史和生存方式都有其独特的价值，是其他价值体系无法取代的。仅就其农业生产方式来说，各地的农牧民通过因地制宜的生产，创造了许多独具特色的农业系统和景观。

在欧洲，马德留—配拉菲塔—克拉罗尔大峡谷就是几千年来人们在高高的比利牛斯山脉上辛勤劳作的缩影；喀尔巴阡山脉的特兰西瓦尼亚高原、山间盆地和山上较低的地区的农业很发达，北坡多种植小麦、黑麦、燕麦和马铃薯，南坡多种植玉米、甜菜、葡萄和烟草，海拔1 000米以上多为树木和牧草；瑞士蒙特勒南部的西庸古堡的拉沃葡萄园梯田的历史可追溯到11世纪，葡萄园附近的乡村景观、小城镇以及密集种植的葡萄，体现了10多个世纪以来生产和惠益体系的变化，园中保留下来的大量房屋、磨坊和堡垒遗迹，将经久不衰的文化传统和地区特色的传承和发展，以及千余年来的演变过程生动地展现在人们面前。

在亚洲，菲律宾的伊富高民族于2 000多年前，开始在海拔1 000~2 000米处裸

顺应等高线而建的梯田（张红榛/摄）

露的山地上开垦稻作梯田；印度高止山脉西部存在有3 000多年历史的山丘农业系统（623~1 458米）；中国南方热带、亚热带山岭地区数千年前就已形成了游牧经济，刀耕火种的农业技术和不定居的生活成为了当地人们独特的生存方式。横亘于滇中的哀牢山中的部落民族，早在新石器时代就使用石斧、石锛在山上开垦田地，驯化野生稻种。哈尼、侗、苗等少数民族依山就势，造就出层层与山一样高的梯田，创造出雄伟壮观、令人叹为观止的梯田文化。

在中南美洲，秘鲁的艾马拉人和盖丘亚族人利用梯田在陡峭的坡地和不同的海拔高度上进行耕作——低海拔地区（2 500~3 500米）主要种植玉米，中海拔地区（海拔3 500~3 900米）主要种植马铃薯，海拔4 000米以上的高海拔地区主要用作牧场；古巴的比尼亚莱斯山谷为群山环绕，山谷风景与裸露的岩石交相辉映。

　　这里的农业，尤其是烟草种植业，仍然在采用传统技术。当地的农场和村庄大大提升了这一文化景观的内涵。一个富裕的多民族社会在此繁衍，这也诠释了加勒比海岛屿和古巴的文化发展。在非洲，几内亚富塔贾隆的"粮食作物–果树–家畜"农林复合系统，距今也有1 000多年的历史。

　　科学证明，这些由山地民族创造和传承的生产系统无论在过去、现在还是将来，都具有重要的生态、经济和社会价值，对于保存具有全球重要意义的农业生物多样性、维持山区可恢复生态系统和传承山地民族的高价值传统知识和文化活动具有重要作用。鉴于世界上现存的诸多土地利用系统和农业景观亟待保护，联合国粮农组织于2002年启动了"全球重要农业文化遗产（GIAHS）动态保护与适应性管理"项目。其中，在首批全球重要农业文化遗产中，山地民族开创的独特的农业生产方式就占了一半以上，包括秘鲁的高原农业系统、菲律宾的稻作梯田系统，以及中国的稻鱼共生系统。2010年6月，哈尼稻作梯田系统也成功入选全球重要农业文化遗产。

（二） 梯田文明的世界分布

史前时期，梯田最早出现时是清除森林后的平地或小山顶，一般用来种植粮食，也有一些用作军事防御。后来人口剧增，对土地需求增大，使得这种开垦方式成为一种集约利用山地的成熟方式，在世界各地被广泛采用。这种顺山沿坡的阶台式或波浪式的农田，丘丘相连，主要靠人工完成。

梯田是人们顺应自然的作品，蓄水、保土、保肥作用十分显著，能够有效增加单位面积粮食产量，还使得丘陵高山地区的大面积种植成为了现实。山地是梯田的骨架，支撑其在天地之间站起；人类的农耕智慧则给了它神与灵，让它延续千百年。片片梯田犹如落玉盘的大珠小珠，镶嵌在山间，其中小的犹如璀璨闪烁的泪滴，大的则犹如波光凛凛的银碧，神奇、美丽。

幻影重重的梯田景观（张红榛/提供）

《《梯田的不同类型》》

姿态万千的梯田主要分为台阶式和波浪式两种类型，台阶式主要分布在亚洲，而波浪式主要分布在美洲、大洋洲等地多人少的地区。台阶式梯田按照田块坡度的不同而被分为水平梯田、坡式梯田、反坡梯田、隔坡梯田等。开垦何种梯田，实际地形和坡度是最重要的条件；此外，土壤质地、雨量大小、水源状况、距村庄的距离等也是需要考虑的重要因素。梯田的宽度和大小是根据地面坡度的大小、土层薄厚、耕作方式、劳力多少和经济条件等多个因素综合考虑而定的，与其灌溉排水系统和交通道路的统一规格也是和谐、紧密相连的。

水平梯田： 沿等高线把田面修成水平的阶梯农田，这是最常见的一种，也是保水、保土、增产效果较好的一种。

坡式梯田： 是山丘坡面地埂呈阶梯状而地块内呈斜坡状的一类旱式耕地。为了减少斜坡耕地的水土流失，人们在适合的位置垒石筑埂，形成初步的雏形。之后便逐步将地埂加高，把地块内坡度逐步减小，从而增加地表水的下渗量，减缓水流对土壤的冲刷。

隔坡梯田： 是水平梯田和坡式梯田的过渡形态，适宜劳动力不够充足的山区。梯田水平部分种植大田作物，坡式部分可种植果树，或种植牧草，逐渐改造成完全的水平梯田。

反坡梯田： 水平阶整地后坡面外高内低的梯田称"反坡梯田"。反坡梯田的优势是能改善立地条件，蓄水保土，适用于干旱及水土冲刷较为严重而坡面平整的山坡地带及黄土高原。为了防止土壤的流失，大多数梯田的边缘都围有石墙。

复式梯田： 根据当地不同的环境和不同的气候条件，在山丘坡面上开辟的水平梯田、坡式梯田、隔坡梯田等多种形式的梯田混合在一起的梯田类型。

来源：根据"百度百科"相关内容整理

这种"大地的艺术"，用难以置信的精巧与美妙，协调成就了恢宏壮观的气势。被仔细刻画过的群山，就如山神的脸谱，表情多变但威严不减。梯田带给人们的震撼来自其磅礴的气势与斑斓多彩的性格，而其背后祖先们的聪明智慧与勇敢魄力更是让后人惊叹。遍布世界的各类梯田，以独特的方式记录着各地的历史与文明。其中，中国的哈尼梯田、菲律宾的伊富高梯田与瑞士的拉沃梯田被称为"世界三大梯田"，三者先后入选世界文化遗产名录，是梯田的典型代表。

在东亚以及东南亚地区，梯田分布广泛，主要用来种植水稻。无数规模庞大的梯田群不仅景观壮丽，更重要的是养育了大量的人口，有人将其称为"环太平洋梯田文化圈"。这个文化圈中的梯田各有特点，不尽相同。首先是修筑用料上的区别：云南的哈尼族和东南亚的阿卡族的梯田是泥土堆砌而成的，而广西的龙脊梯田和菲律宾伊富高梯田则是用石块堆砌而成的；其次，梯田中种植的作物品种多样，稻谷种类据统计有近200种；再次，梯田的灌溉方式也展现了各地山民的智慧，除了采用修筑水渠、水沟的方式，在一些地势狭窄、山岭众多、平地较少的地区，大型灌溉系统的建造比较困难，一些独特的灌溉系统就被创造出来，例如用空心的竹子来制作取水管道以运水。形式多样的梯田环绕着富饶美丽的太平洋沿岸，就如一个绚丽多姿的花环，叠叠翠绿依着高山向天际延伸。

《《《菲律宾伊富高梯田》》》

与亚太地区分布广泛的众多梯田相比，位于菲律宾科迪勒拉山区的伊富高梯田以其磅礴的气势和格外陡峭的坡度著称。梯田外壁大多用石块砌成，石壁最高可达4米。水利灌溉系统总长度近20 000公里，菲律宾人自豪地称之为"世界第八大古代奇迹"。

种植稻米的梯田在整个亚洲并不罕见，但是完全依靠人工从吕宋岛以北的崎岖的山脊上开垦出稻作梯田的，就唯有菲律宾的梯田这一世间奇迹了。菲律宾的科迪勒拉山区拥有让世界惊叹的高山水稻梯田奇观，是世界上规模最大的人工灌溉系统。它的海拔有1 500多米，迄今已有2 000多年的历史，是当时菲律宾人的古老祖先不畏险恶，在崎岖陡峭的山地上不断适应，艰难开垦出来的田地。伊富高人的

祖先完全凭借肩扛手扶，在海拔1500多米的山间雕刻出的如此大规模的高山梯田。由于山地坡度极大，梯田面积一般很小，最大的也只有2500平方米；最小的只有4平方米；同时，由于地势的艰险，无法使用农业机械，只能够依靠人力耕作及收割。几个世纪以来，伊富高人的祖先为了防止水土流失，因地取材，利用当地的石材，不辞辛苦地用肩膀和双手将一块块岩石慢慢累积成了一道道坝梗，所用的石料比埃及的金字塔还多，可以说是用双手创造了世间的奇迹。农田耕作，水源是关键问题。聪明的伊富高人在山顶上挖塘蓄水，接引山泉瀑布，一直灌溉到山脚下，从而解决了梯田的水利问题，使梯田常年不干。经过2000多年的努力，如今的伊富高梯田已经覆盖了整个山脉，人类的智慧、宗教的传统以及自然的景观在这里一代代和谐相传。

然而，由于时代的冲击，如此壮观的古代农业工程也曾一度陷入"濒危"境地。

由于梯田面积缩减及管理不善等原因，世界遗产委员会于2001年12月将伊富高梯田列入世界濒危遗产名录。后由于菲律宾政府采取了一系列的措施，再加上联合国文化遗产保护委员会及一些国家的资助，梯田得以修复，并从世界濒危遗产名录中去除。

来源：根据《中国国家地理》2011年第06期《菲律宾巴纳韦梯田在"濒危"中挣扎的世界遗产》（作者：秦昭）、《世界遗产》2014年9月刊《菲律宾伊富高梯田的成功逆袭》（作者：何露）整理

在欧洲，有多处梯田入选了世界文化遗产名录，这些梯田主要种植葡萄和橄榄树等，是人类的珍贵财富。著名的梯田往往人口稠密，一般都已成为著名的旅游地，并且因高品质的葡萄酒而闻名。它们多为滨水景观，风光旖旎，文化气氛浓厚，与东南亚的稻作梯田景观有较大差别。

≪≪瑞士拉沃葡萄园梯田≫≫

拉沃有着浓郁悠久的葡萄酒文化氛围。考古发现，这里早在古罗马时期便已开始种植葡萄。大约从10世纪开始，当地的修道院与老百姓开始在坡地上凿石砌墙、修筑梯田，逐渐开辟出大规模的葡萄园。它们背靠阿尔卑斯山北麓，下临日内瓦湖。梯田类型为坡式梯田，从湖畔开始抬升至山腰。村庄散落在梯田各处，主要建筑形式为就地取材的瓦顶石头平房、两层小楼和高大的古堡。从山上流下来的数条溪流将整个梯田区分割为数个大块。每层梯田之间修筑有石头台阶，几层梯田之间有田间小道。

鉴于葡萄的特点和当地的气候条件，拉沃梯田一般不需要人工浇灌。纵贯在梯田群中的石头水渠、石坎、小沟等水利设施的重要作用，为导泻山水、降低流速、防止水土流失。

面对城市扩张和旅游业大潮的冲击，拉沃梯田的面积不仅没有缩小，还焕发出蓬勃生机，堪称奇迹。

来源：《中国国家地理》2011年第06期《瑞士拉沃梯田，为命运而战的葡萄王国》（作者：秦昭）

而在南美洲的安第斯山脉，梯田曾经多用来种植玉米、马铃薯等。这里的梯田遗址，如同古希腊罗马的露天广场，是古印加文明的集中体现。古人用卓越的智慧，设计了造型奇特、因地制宜的水利设施。一如它曾养育的印加帝国，南美洲的梯田多位于恢宏冷峻的深山之中，透着神秘、苍凉和悲壮。

（三） 我国梯田的历史溯源

我国多山，人口众多，生存的压力使我国成为世界上最早进行梯田开垦的国家之一。梯田是坡地改造中普遍使用的术语和专用词，其实，在我国各地，对梯田的叫法各有不同。据考证，四川、湖南多称其为"塝田"，广东北和江西部分地区称为"排田"，古书中也曾将其称为"畽田""雷鸣田""山田""岩田"等。

《《我国历史记载最早的梯田开发》》

早在战国时，我国就已经开始了对大规模的治山活动的记载。《尚书·禹贡》载："岷蟠既艺，……蔡蒙旅平，……厥土青黎，厥田唯下上，厥赋下中三错，……荆、岐既旅，……厥土唯黄壤，厥田唯上上"。既"艺"且"旅"，田、税又定了等级，共九等，而黄土高原地区的雍州田地竟为上上等。从这些情况推断，先秦时我国北方应该有了"坡式梯田"。今天黄土高原许多坡田的历史应当上溯至先秦时期。狭义而言的水平梯田始于何时，尚无明确记载。西汉《氾胜之书》中提及，种稻要求水流动交换，各畦之间必有高低差，这可能是水平梯田。四川彭水县出土的陶田雕塑，"田丘与田丘相接如鳞，高低呈梯阶状，颇似今日的梯田"，这说明东汉时梯田已相当发达。

来源：《大地之歌——哈尼梯田的世界影响》（作者：闵庆文）

梯田开发在我国有着悠久历史。早在先秦时，文献里便出现了具有梯田特点的山坡田和水平田。如在《诗经》里有"瞻彼阪田，有菀其特"《小雅·正月》，阪田就是山坡上的田，它们可能就是最早的梯田，至少是进行土地加工的山坡地了，"有菀其特"意思是禾苗长的很苗壮；"彪池北流，浸彼稻田"（《小雅·白华》），则意为"澎水缓缓向北流，灌溉稻子满地头。"

　　对于梯田的开垦，我国出土的文物也有所考证。在四川彭水县，东汉时期（公元25~220年）的陶田图在一个古墓中被发现。图中陶田里，丘丘相接，好似鱼鳞。略成阶梯形状的梯田修筑在坡地上，田块的平面形状为沿登高线横向成长条形状。据推测，这就是梯田的雏形。

古老的梯田（张洪康/摄）

　　"梯田"一词正式出现于南宋。南宋叶延珪记载"果州合川（今四川合川）无平田，农人于山塃起伏间为防、潴雨水，用植秔糯，谓之磴田，俗为'雷鸣田'，盖言待雷雨而有水也，戍州（今宜宾）亦有之。"说明西南地区已广泛采用梯田这种土地利用方式。范成大《骖鸾录》写袁州仰山（今江西宜春）梯田："出庙三十里，至仰山，缘山腹乔松之磴，甚危。岭阪之上皆禾田，层层而上至顶，名梯田"。其"下自横麓，上至危巅，一体之间，裁作重磴"，指出梯田是对地

形的有效利用，可以从山麓到危巅之间，铸造成阶梯式田地。此时梯田已广泛分布，我国南部的许多地区已是"梯田层盛，弥望青葱"。

在宋代的诗文中，文人笔下的梯田在描述了早期梯田景观的同时，也有着重要的参考价值。方勺在《泊宅编》中记载"垦山陇为田，层起如阶级然，每远引溪谷水以灌溉。"诗人杨万里更作诗咏道："翠带千环束翠峦，青梯万级搭青天。长淮见说田生棘，此地都将岭作田。"大量的诗文记载，说明梯田已在宋代广为盛行。

王祯是元代的农学家，他在《农书》中系统叙述了梯田的分类、布设及修筑方法："梯田，谓梯山为田也。夫山多地少之处，除垒石峭壁例同不毛，其余所在土山，下至横麓，上至危巅，一体之间，裁作重蹬，即可种艺。如土石相半，则必叠石相次，包土成田。又有山势峻极，不可展足，播殖之际，人则枢蝼蚁沿而上，褥土而种，摄坎而耘。此山田不等，自下登涉，俱若梯蹬，故总曰'梯田'。"先依山坡"裁作重蹬"，即修成阶梯状的田块；再"叠石相次，包土成田"，即修成石梯阶，包围田土，以防水土流失。这样如果梯田上有水源，便可自流灌溉，种植水稻；若无水源，也可种粟麦等作物。梯田不仅能防止水土流失，而且还能发展灌溉农业，因此在有水源的地方，人们往往将垦山与治水相结合，从而大大提高了对山地的利用水平。此后，梯田在全国都有发展，乃至于边远的广西归顺（靖西县）、云南等地都有出现。"叠石相次，包土成田"，主要是指石坎梯田，反映了我国南（或北方）土石山区石料资源丰富，可以缩小土地资源匮乏的劣势。其中还提到，可将梯田和塘结合起来，塘蓄水可以种稻，干旱时可旱作，确保山区坡地农业生产达到"田尽而地，地尽而山"，从而促进我国山区坡地土地资源的充分开发利用。

明代，著名的农学家徐光启深入西南山区考察，西南特有的梯田农业让他大大吃了一惊。他把这个重大发现写入了《农政全书》中，并将梯田与区田、圃田、圩田、架田、柜田、涂田一起列为中国农耕史上的七大田制，正式载入史册。

清代吴颖炎说："凡山除岩峭壁莫施人力及已标择柴薪外，其人众地狭之所，皆宜开种。择稍平地为棚，自山尖以下分为七层，五层以下乃可开种。就下层开起，先就地芟其柴草烧之，而用重尖锄一劂两敳开之……两年则易一层，以渐而上，土膏不竭。且土膏自上而下，至旱不枯。上半不开，泽自皮流，润足周到。又度涧壑与所开之层高相当，委曲开沟，于涧以石沙截水，亭满乃听溢出，既便汲用，旱急亦可拦入沟中，展转沾溉也。至第五层，上四层膏日流，下层又可周而复始，收利无穷。"这段论述以坡地的地理形态为基础，以水的蓄存和循环利用为中心，来确定适宜梯田修筑的方位，反映了我国南方地区坡地梯田建设的特点：良好的梯田生态系统，梯田生态系统的多样性，梯田生态系统中子系统间的协调性以及超前的梯田建筑、改造技术。梯田建设开发为提高我国水土资源利用率和生态功能发挥了巨大的作用。

哈尼梯田，稻作农业的典范

❝请想象你站在某个高处，视野所及，四面八方、远远近近的山坡上，尽是一望无际、层层叠叠的梯田，一层一层漫向四野，直朝着天际铺陈。它们如同一排排海浪汹涌而来，然后瞬间突然静止、凝固，成为如今的模样。它们一层层地由低处升到高处，由谷底爬到峰顶，充占在天地之间，让目光变作一道道往返收放的活动标尺，在俯瞰和仰视间丈量它的巨大和辽阔。往往一座山坡上，就有成千上万亩梯田。大小不等，形状各异，千姿百态，变幻莫测。梯田上面，有漫漫云海的覆盖；梯田旁边，是茫茫森林的掩映，整个画面神奇瑰丽，莫可言状。这片土地所独有的韵律、节奏、色彩，就在你静默的凝视中慢慢浮现、升腾。❞这是作家彭程在一篇散文中对哈尼梯田这一人间奇迹的生动描述。实际上，哈尼梯田的美是无法名状的。

天地同辉（史媛媛/提供）

揭开仙境一般的表象，隐藏在梯田流畅纹路中的是更为深刻的意义：数十代梯田人"汗滴禾下土"的艰辛、紧紧依附于梯田之上的哈尼村寨的社会关系、山民们万物有灵的信仰和维系梯田的坚定信念，等等。透视根本，唯有生存性才是此处遗产的灵魂所在。外来的朋友们带走的梯田景象，多为如上文所描述的绮丽外在，事实上梯田里还蕴藏着由来已久的生存智慧。当地世居民族投入巨大的人力、精力和技能，根据特定的地理条件对广阔山区进行持续改造，从事水稻生产。开垦梯田的初衷就是在人多地少的情况下对土地空间格局上的扩展与应用，它是哈尼人为了生存和发展而创造出来的。由此可见，生产功能是哈尼梯田最基本的功能。

（一）高山稻田农耕文化的样本

哈尼人生性静默，勤恳劳作，却也遮挡不住他们千年杰作的荣耀，最终为世人瞩目。2010年哈尼梯田成功入选了全球重要农业文化遗产，遗产地范围涉及红河州红河南岸较为典型的哈尼梯田核心分布区——红河、元阳、绿春和金平四县，保护区以元阳梯田为中心，向其他三县梯田区呈放射状辐射，包括甲寅宝华、牛角寨、多依树、坝达、老虎嘴、哈播、哈德和金河八个重点保护地。

2007年11月哈尼梯田被评为"国家湿地公园"，成为云南省第一个"国家湿地公园"；2013年5月入选农业部首批中国重要农业文化遗产（China-NIAHS）；同年6月，它被正式列入世界文化遗产名录，成为我国第一个以民族命名、以农耕为主题的世界文化遗产。

2010年被FAO授予全球重要农业文化遗产
（闵庆文/提供）

国家湿地公园

中国重要农业文化遗产

全球重要农业文化遗产（中）

全球重要农业文化遗产（英）

作为稻作文明的世界奇观，哈尼梯田是世界高山农业发展的经典之作：

第一，哈尼梯田是数十代人参与打造的世界最大的农耕艺术群落。

"通往天堂的阶梯"（张红榛/提供）

自隋唐（约1 300年前）时，哈尼族就在红河南岸哀牢山定居下来，开始世世代代开垦，耕种梯田，倾注了数十代人的心力，造就了数十万亩的梯田。哈尼梯田主要分布在红河南岸的哀牢山脉，凡是有哈尼人的地方就有巨大的梯田。仅在红河、元阳、绿春、金平县境内，梯田的分布就达85万亩。"人间的奇迹"——哈尼梯田，覆盖在海拔700米到2 000米之间，最高级数达5 000左右，其面积之广大、级数之多，令人震撼。而闻名于世的印加梯田则不过800多级，广西的龙脊梯田海拔仅为千米，雄伟的菲律宾伊富高梯田海拔也只是1 500多米。哈尼梯田极为陡峭，坡度一般在20度到30度之间，最高达75度，真可谓"通往天堂的阶梯"。

第二，与独特的高原立体气候相适应，梯田上形成了典型的水稻立体种植系统。

随着海拔的不断变化，智慧的哈尼族祖先对所种植的作物也进行了细致而严格的区分：在海拔1 600~1 900米的气温温凉的上半山，主要种植耐寒性的稻谷品种；在海拔1 200~1 600米的气候温和的中半山，主要种植温性高秆的稻谷品种；在海拔800~1 200米的气候温热的下半山，主要种植耐热的稻谷品种；而在海拔800米以下的炎热河谷则使用耐高热的稻谷品种。哀牢山特定的地形、独特的高原立体气候等自然条件，形成了典型的水稻立体种植系统。

哈尼稻作梯田的立体分布

梯田类型	分布的海拔范围	耕作方式
北热带河谷梯田	南坡<800米；北坡<700米	双季稻
南亚热带中山梯田	南坡800~1200米；北坡700~1 200米；东坡450~1 200米	双季稻
中亚热带中山梯田	1 200~1 500米	双季稻
北亚热带中山梯田	1 500~1 800米	单季稻
南温带山区梯田	1 800~2 000米	单季稻

来源：哈尼稻作梯田系统全球重要农业文化遗产申报文本

第三，哈尼梯田的空间结构合理，形成了森林-村落-梯田-水系"四度同构"的空间格局

在海拔约2 000米以上的较为阴冷的高山区，保存着茂密的森林，既可涵养水土，也为遗产地居民提供了丰富的佐餐肉食与果蔬；在海拔约1 400~2 000米的中

半山向阳坡地，分布着众多村寨；从村寨边至山脚河谷，海拔约600~2 000米的半山区，均有水稻梯田分布；泉水溪流在林区汇集，形成山有多高、水有多高的水系特征，水系向下流入村寨及梯田；在最低处，河流接纳沟渠和梯田中的水，带到区域外更大的江河中去。这种空间结构具有保持水土、调节气候、保障村寨安全、维持系统稳定和系统自净能力等生态功能，同时还具有高度的美学价值。这种科学的物质循环和能量流动，使红河哈尼梯田得以持续存在，形成了林养田、田育林的生态系统物质和能量循环格局。

第四，哈尼人采用了独特的稻作技术

他们根据不同海拔高度上光、热、水条件的差异，采用不同的株距，以保证水稻较高的产出。此外，使用农家肥、稻田养鱼养鸭等都是哈尼人对资源的巧妙利用。

第五，哈尼梯田地区有极为丰富的生物多样性

水稻品种具多样性，据调查，当地水稻品种有近200个，现存地方水稻品种有48种；梯田中其他农业生物的种类也非常丰富，有各种水生动植物及野生草本植物

人勤春早

村田一致（李昆/摄）

等；梯田周边的森林保育良好，附近的动植物资源也极其丰富。

第六，哈尼梯田有一套系统且细致的资源管理手段

集中管理对梯田的水资源的利用，包括水沟的开凿，分水木刻、石刻等水量分配方法以及水力冲肥等，并涉及对森林的维护、对土地的集约利用等方面。

此外，同样引人瞩目的还有哈尼人厚重的梯田稻作文化。哈尼族的节庆活动与梯田稻作程序密切相关，丰富多彩。哈尼文化诞生于梯田之上，梯田是哈尼文化的灵魂和载体，是哈尼人族群认同的根本所在。

正是上述特点，使哈尼梯田成为结构完整、功能完备、价值多样、自我调节能力强的传统农业典范。特别是哈尼梯田稻作生态系统所体现的可持续发展思想，对降雨条件较好的亚热带山地的农业开发具有重要的借鉴意义，也可对山地地区的环境保护和资源利用起指导作用。

（二）　未曾遗落的哈尼稻谷

　　探源哈尼族稻作文化，水稻是我们直击的第一性的物质，更是养育人们生命的基础物质。我国的水稻栽培历史悠久，而世居西南山地的哈尼族，在崇山峻岭间开辟出了蔚为壮观的梯田，并将水稻迎上了云雾缭绕的高山。

> 讲了，亲亲的兄弟姐妹，
> 听我把庄稼的来源讲：
> 远古的时候，
> 地上没有老林，
> 地上没有庄稼。
> 树种在哪里？
> 在天神优妣的银箱里；
> 庄稼种在哪里？
> 在天神优妣的金箱里。
> ……
> 三个顺着朝上爬，
> 爬进优妣家。
>
> 三哥讨种子：
> "天神优妣啊，
> 请你给我三把老林种，
> 请你给我七把庄稼种！"

天神优姒听错了，

大神烟沙也顺着答：

"给他！给他！"

天神优姒和俄虽玛，

一起来把子种撒，

头三把洒向平坝和凹塘，

满坡满坝种下七十七种庄稼。

可惜三把庄稼种，

只生出三百三十种庄稼。

优姒和俄虽玛，

又把种子撒，

后七把银树种子，

朝大山河边撒。

春风神一口气，

吹出七千七百种大树，

大树不长的一处也没有了。

摘自《哈尼古歌——神之歌》

哈尼族原是青藏高原上的氐羌游牧部落，以畜牧为生，无种植农作物为食的习惯。在南迁途经今四川凉山彝族自治州时，受当地人的影响，开始学会耕耘田亩。随着哈尼先民的继续南迁，其游牧文化不断地受到周围各民族的同化和影响，水稻栽培技术也愈来愈先进，其中尤以南方夷越族群（如傣族）的先进稻作技术的影响为大。因此，哈尼梯田形成的首要原因是哈尼族与南迁过程中遇到的各族人民进行的文化交流和融合。

当哈尼族迁到红河南岸地区时，傣族等南方夷越民族早已在条件较好的坝区、

谷中定居，哈尼族只能选择在山区居住。另外，由于哈尼族是北方游牧民族，虽在南迁中逐渐适应了南方的气候，但红河南岸地区的坝子和谷地却异常干热，瘴气、蚊虫叮咬严重，使适应冷凉气候的哈尼族人难以承受。于是，以种稻为生的哈尼族就在山区适宜水稻种植的地方开水田，梯田也就自然而然地出现了。

自此，哈尼人走入了定居的生活。生活场所的固定，使人口增长速度加快。红河南岸山地多、平地少，可供开垦的耕地极为有限，为适应人口增加对粮食的需求以及定居生活的需要，哈尼族只有提高农业生产技术。梯田稻作是传统山地农业中生产力和生产技术最高的农业生产形式，是哈尼族定居生活的必然选择。

在长期的农业生产中，哈尼人选育出大量适合当地环境的优良稻种，尤其是能在海拔1 800米以上栽种的稻谷。在哈尼梯田的水稻种植上，水稻品种因海拔高度、土质等不一而多种多样。据调查，当地有水稻品种195个，现存的地方水稻品种有48种，有香糯、花糯、扁糯、紫糯等糯稻品种，更有小谷、大谷、早稻谷、冷水谷、红脚谷等，其中的镰刀谷、蚂蚱谷、小红谷等为国内罕见品种。而在20世纪90年代，曾有人在这里搜集到上百种传统稻种。这些传统稻种具有丰富的传统多样性，具有重要的科研和开发价值。

农耕忙（梁荣生/摄）

各类稻谷（张洪康/摄）

哈尼传统稻种蕴含着丰富的遗传资源，可以说，哈尼梯田就是一个天然的稻种种质资源库。物种多样性是生物多样性的重要组成部分，作为梯田系统的优势种，水稻品种的多样性决定了昆虫、大型土壤生物、土壤微生物群系以及杂草种类的多样性。

（三）千年不衰的米中珍品

哈尼红米是哈尼先民在隋唐初期于高山梯田垦殖中由野生稻驯化而成的，接近于野生稻谷，种皮棕红色。红米稻生长期较长，产量低，但因米质好，市场前景较为广阔，其价格是白米的若干倍。根据哈尼族古歌，哈尼梯田的水稻红米已连续种植了上千年。科研人员在哈尼农户家中找到一百多年前祭祀用的水稻谷穗，经基因测序，与目前梯田种植的品种一致。这种红米品种适应性极强，需肥量小，不易感染病虫害，基因多样性指数是现代改良品种的三倍，适应哈尼族不使用化肥和农药的农耕习惯。

在稻种选择方面，哈尼人使用中国农耕技术中最传统的"穗选法"。有经验的村民在收获季挑选最饱满的谷穗作为次年的种稻，每家在种植红米2~4年后，会把自家田地的种子与本村或者其他村寨的人交流。这种频繁的种子交流，只在同一海拔的梯田间进行，如此会促进红米种子之间基因的优化组合，增强红米品种的基因多样性。

红米

红米包装（田密/摄）

《《哈尼梯田红米的营养价值》》

红米含有丰富的淀粉与植物蛋白质，可补充消耗的体力及维持身体的正常体温。它富含众多的营养素，其中以铁质最为丰富，故有补血及预防贫血的功效。而其内含丰富的磷，维生素A、B群，则既能改善营养不良、夜盲症和脚气病等疾病，又能有效舒缓疲劳、精神不振和失眠等症状。其所含的泛酸、维生素E、谷胱甘膝胺酸等物质，则有抑制致癌物质的作用，尤其对预防结肠癌的作用更是明显。

——根据"百度百科"相关内容整理

现代稻种经过生长三五年后，品质就会发生退化。云南的农业专家经过多年的研究，解开了哈尼梯田水稻千年不衰的谜。栽种在海拔1 400米以上的哈尼梯田红米，能适应气候变化和自然灾害，具有持久的抗性。虽然该品种的产量不高，但极为稳定，将它移到低海拔地区栽种时它适应不了，而将现代品种移到这个地区栽种也不适应。该品种不耐肥，施了肥后就会害上稻瘟病等，即使施农家肥也不能施多，是实实在在的绿色产品。除红米外，梯田紫米也是较为珍贵的水稻品种。紫米生长于海拔1 200~1 800米的梯田上，属糯米类，食味香甜，甜而不腻，富含纯天然营养色素和色氨酸，营养和药用价值较高。

梯田红米、紫米是人类保存下来的珍贵品种。稻米文化是哈尼人传统文化的支柱，而丰富的稻种资源又为不同条件下和不断变化中的农业生产环境提供了最为基本的育种支持，这对于保障当地的粮食安全、保留传统农耕文化和饮食文化产生了至关重要的作用。

（四） 丰富的农业生物多样性

《哈尼族礼仪习俗歌》里收录了这样的歌谣去好田坝里捡螺蛳，田坝平花鱼儿跳，卷起两只手袖捉泥鳅，卷起两条裤脚踩进深田捕大鱼。小伙子我有鱼把田水放干，吃福好锄头跟前有泥鳅，捡到泥鳅给阿妹。有喝福田埂脚前汇集虾巴虫，捡到虾巴虫也给阿妹。向下面一撮，撮起小马一样奔跑的阿德勒收；向上面撮一下，撮起木托一样肥胖的蒋整虫；向中间一撮，撮起浮萍地下的泥鳅，撮起锈水底下的老鱼。

在梯田的田间地头、村寨的房前屋后，都种有棕榈、樱桃、李子、梨、桃、五眼果等树木，当然还有松、杉、水冬瓜、主子等，与梯田相生相偎、相映成趣，并为哈尼人提供建筑、家具、器皿的材料。梯田生产出的稻米，是他们每顿不可缺少的主食；山上旱地种的玉米，是他们最爱喝的哈尼焖锅酒的主料；梯田周边生长的草果、竹笋、毛芋头、香柳、臭菜、鸡脚菜、浮萍菜、鱼腥草、滑菜、甜菜、苤菜、多依、玉合花、火草花、荨麻叶等，加上梯田里的鱼、螺、虾、鳝鱼、泥鳅和放养的鸭子以及鸭子下的蛋，不仅优化了水稻的生长环境，减少了病虫害，而且形成了一个动态的多级食物链结构和动植物循环利用体系。

梯田鳝鱼

虾巴虫

干黄鳝

野味干巴

田间美味

香柳

甜菜

苦竹笋

癞蛤蟆棵

丕菜

皂角叶

浮萍草

多依

鸡角菜

滑菜

火草花

韭菜

川芎

薄荷

绿色食材（张洪康/摄）

另外，亚热带中山湿性常绿阔叶林中生长有营养价值非常高的香菌、木耳、白参等野生菌类。哈尼人采集后除食用外，也将一部分用于商品交换。高山林下种植的草果是世界上重要的香料作物之一，具有重要的经济价值。在干热的河谷地区，热带水果香蕉、荔枝及亚热带的橘子等果品及经济作物，也是该地重要的经济收入来源之一。

椰子　　　　　　荔枝　　　　　　菠萝蜜　　　　　木瓜

青芝　　　　　　酸角　　　　　　香蕉　　　　　　菠萝

各类水果

玉合花　　　　　　苦果　　　　　　草包鸭蛋

哈尼豆　　　　　　草果　　　　　　哈尼粑粑

梯田副产品（张洪康/摄）

　　由于梯田里长年流水不断，哈尼族在进行稻谷生产的同时，还有效利用现有的水和土地资源及其生态系统所具有的自动调节能力，进行稻田养鱼、稻田养鸭。稻田养鱼、养鸭不仅不占水面，鱼鸭的捕食、游动和排放粪便的行为还起到了捕虫、除草、施肥等作用。除此之外，鱼鸭啄动水稻根部和土地，直接促进了水田养分物质的循环，既可使水稻丰产，又能有效减少化肥农药使用，提高鱼鸭和稻米品质。稻鱼鸭共作系统是我国宝贵的农业文化遗产，直至今日，仍不失为一种高效的生态农业形式。

≪≪ 作物多样化种植的作用 ≫≫

　　作物多样化种植的作用，远远超出了增加农田的遗传多样性和提高土地利用效率。不同特性的稻作品种混合间作对作物增产效果明显，水稻品种间作与单一种植相比产量提高89%、发病率减少94%。此外，作物间作也对稻瘟病实现了良好的控制。这样一来，农田生态系统的稳定性提高了，形成了不利于病害发生的田间微生态环境，有效地减轻了植物病害的危害，降低了化学农药的施用和环境污染，提高了农产品的品质和产量。

　　　　　　　　　——《生态学报》2004年1月，《农田生物多样性与害虫综合治理》

稻田养鱼（张洪康/摄）

（五）梯田景观的多重价值

　　哈尼梯田对于摄影家来说是极佳的创作素材，对于游客来说是难得一见的人文与自然完美结合的奇景，对于哈尼人来说就是他们的生活。哈尼梯田景观如同它斑斓的色彩一样，具有多重功能，包括生产功能、生态功能、美学功能和文化功能。哈尼人在维护梯田的同时，将这四个功能有机地结合起来，形成一个多功能的景观综合体。

五彩斑斓

1 哈尼梯田的生产功能

哈尼梯田开垦的初衷，就是在人多地少的情况下对土地空间进行格局上的扩展与应用。它是哈尼人为了生存和发展而创造出来的，因此生产功能是哈尼梯田最基本的功能，也是其他功能的基础与载体。由于哈尼人坚持不懈地努力发展稻作生产，在半个世纪前，该地区梯田的产量就已达到了亩产100~150千克，高的可达300千克。虽然梯田地区的劳动强度比平坝地区高很多倍，但哈尼族的梯田稻作农耕在生产能力上与内地的平坝地区稻作农耕不相上下，养活了百万哈尼人。

除了种植水稻，哈尼人在适宜的海拔和地区种植甘蔗、茶、水果，在田埂上种植棕榈，加上优质的稻米和鱼鸭，农产品丰富多样。当地形成了哈尼红米制糖、棕榈床垫、哈尼岛屿等龙头产品，以"全球重要农业文化遗产"等国际荣誉打造哈尼红米、稻鱼等有机产品品牌，提升了农产品的附加值，带动了农村、农业的发展。

田埂上种植棕榈树

壮观之美

2 哈尼梯田的生态功能

哈尼梯田的生态功能也是众多科学研究者的研究对象。哈尼梯田有着丰富的生物多样性，保留了许多传统的水稻品种。哈尼稻作梯田系统主要分布在低纬度海拔700米至2 000米之间的山区，气候类型复杂多样，具有独特的高原立体气候特征，形成了典型的立体水稻种植业。同时，水稻生产过程中仍以农家肥为主要肥料，并且形成了稻—鱼、稻—鸭的物质循环利用和共生体系，是典型的生态农业和循环农业。

此外，作为典型的社会—经济—自然复合生态系统，哈尼梯田具有稳定性特征。它的稳定性是系统的一个内生特征，指哈尼梯田在农村与其所处环境的协同进化、动态适应中形成了稳定的土地利用系统，不仅存在丰富多样的农业景观，而且能长期维持不变。同时，这种稳定性能够满足当地社会文化的发展需求，使区域经济在一定水平上维持不仅能够自我运行，而且能够并有

哈尼人是梯田景观的重要组成部分
（张红榛/提供）

效传承农耕文化、促进社会发展的状态。对区域气候的调节就是这种稳定性的表现之一。由于大部分哈尼梯田分布在高海拔地区，为使梯田在来年栽种水稻时不漏水、不垮塌，这些高海拔梯田一般采用常年淹水方式，水深0.2米左右，因而形成了大面积的人工梯田湿地。夏季的梯田湿地中种植了水稻，水稻的蒸腾作用和水面的蒸发作用使该区气候非常湿润，而冬季的梯田中灌满了水，形成了大面积的水面蒸发，从而使该区在干季的湿度也较大。哈尼梯田生态系统的水循环机理和独特功能使得它得以安然度过2010年的西南大旱。哈尼梯田居然能顽强地抵挡持续干旱，接受异常气候的考验，这不能不说是人间奇迹。

❸ 哈尼梯田的美学功能

哈尼梯田的美学功能是最直观的，而且被广为认识与赞美。实验证明，当视距超过250米时，人眼便失去立体感。如视距超过1 000米时，宽视野及空气透视便成为形成立体视觉的主要因素。因此，当以视距250米为半径，假定观察角度为180度，计算可得人眼能够观察到的具有立体感的面积是19.525公顷。当以1 000米为半径，观察角度为180度时，人眼的视野面积是312.4公顷。据此可知，景观面积超过人眼的宽视野面积312.4公顷时具有最强的规模美感。哈尼梯田景观中主要的梯田版块面积都大于500公顷，具有很壮观的规模美。

哈尼梯田依山势而建，梯田和村寨等人文景观与森林、河流等自然景观和谐统

一，像画作般进行了合理布局，产生出一种构型美。哈尼梯田四季各异的景观和随着太阳光线变化而色彩斑斓、变幻莫测的景致，更是使摄影师们流连忘返。而哈尼人就在这样的美景中自在生活着，早已成为这幅美丽图画中的一部分。

❹ 哈尼梯田的文化功能

哈尼梯田的文化功能主要体现在孕育哈尼人的这片土地上形成了独特的梯田稻作文化，而它正是哈尼族传统文化的基础。梯田是哈尼族物质生活的依托，造就了哈尼族的饮食文化，是哈尼人劳动的场所是哈尼族最神圣的精神乐园。梯田是哈尼族族群认同的根本，是哈尼文化的载体和灵魂，有哈尼族的地方就有梯田，有梯田的地方就有哈尼族。哈尼族的梯田文化被誉为"山区农业的最高典范"，是民族文化与自然生态巧妙结合的典范，十分具有代表性。人文景观因多种因素的影响往往留存时间较短，千年以上的景观已非常罕见。往往百年左右的景观就已具有一定的历史文化价值，而哈尼梯田见于史料记载的就有1 300多年的历史，是活着的古老系统。其非物质文化是哈尼族在长期的生产中总结的梯田稻作文化和耕作技术，目前仍在传承和发展当中围绕着梯田生产而衍生出的哈尼歌舞以及节庆活动等民俗也以其独特的方式，记载着民族千年的历史。这种宝贵的、多方面的文化已经在其他地方消失，因此哈尼梯田景观的久远性和完整性也更为显著。

哈尼梯田景观的生产、生态、美学和文化等多方面功能都是旁观者的认识。对于哈尼人来说，开垦梯田时并没有考虑到多种功能。梯田就是他们的生活，一切都是那么顺其自然、那么浑然天成，这也与哈尼人生性中对自然的敬畏和呵护紧密相连。只有怀着这份心情才能创造出如此和谐、生态的奇景，而在这般景色中成长的人自然也会拥有一份美好的心情。

幸福洋溢（张红榛/提供）

三

梯田人生，
哈尼物语

哈尼梯田申遗成功，成为我国第一个以民族名称命名的世界文化遗产。虽然已闻名于世，哈尼人还是一如既往默默地耕耘着，修补好破损的田埂，延续前人的创作，在维系恢弘景观的同时把营养优质的稻米呈送给全世界。窄窄的田埂上哈尼人那均匀轻盈的步子看不出丝毫的艰辛，然而，这种轻盈却承载着上千年的重，是数辈的执着劳作堆积而成的分量。

从湍湍流水的谷底到白云缭绕的山腰，有泥土的地方便有梯田。哈尼人耗尽了十几个世纪的时光，精心雕琢这个史诗般的巨作。千米有余的高差，即使是驱车而行，至少也需要一个小时才能从一片梯田到另一片梯田。难以想象在没有道路、没有交通的古代，先祖们是如何徒步在深山里寻找适合居住的地方的？他们为何穿越丛林，冒着暗藏其中的危险，最终选择留在深山里？他们又是如何由狩猎、采集转而开发梯田，进入农耕文明的？

井然有序

《《哈尼族简介》》

哈尼族是国际性民族，人口大约200多万，分布在中国云南和缅甸、老挝、泰国、越南北部山区。中国境内的哈尼族人口约160多万，其中98%以上分布在云南，主要聚居在澜沧江沿岸和无量山、哀牢山地区的玉溪市、红河哈尼族彝族自治州、普洱市、西双版纳傣族自治州。中华人民共和国成立以后，根据民族意愿，以"哈尼"为本民族统一的名称。在国际上通常称为"哈尼、阿卡族"。哈尼族先民为羌族，在高海拔山区开垦梯田，种植水稻。

　　哈尼族人使用的哈尼语，属汉藏语系的藏缅语族的彝语支，分哈雅、碧卡、豪白3种方言，各方言中又包含若干种土语。

　　哈尼族原来没有自己民族的文字。1957年，人们采用拉丁字母形式，以哈雅方言的哈尼次方言为基础方言，以绿春县大寨哈尼语的语音作为标准音，创立了一套哈尼族文字方案。

来源："百度百科"

（一）　漫漫迁徙路

❶ 由"吴芭"说起

　　吴芭是最具神秘色彩的哈尼族妇女传统头饰。它仅流传于昂倮支系，在葬礼中专用，为高寿且正常死亡女性送灵归祖时所用，平时秘不示人，使用范围很小。形如王冠的吴芭，据传为哈尼族

吴芭

女王所用，后传至其子孙。如今，能够使用吴芭的少数群体就是当初女王的后代了。吴芭被称为记录哈尼族迁徙历史的活化石，它鲜艳的色彩和丰富的图案，并非是用来美的，而是记录下了哈尼族各个阶段迁徙的全过程，细至每一个丝线都蕴含着丰富的历史信息。

　　哈尼族人坚信，自己是天神之子，死后由"吴芭"引路，回到民族诞生的故地——惹罗普楚，才能得以安宁。吴芭上五个大小不一的三角形图案，代表着哈尼族所经历的不同历史阶段，引导着亡魂从现居住地京牢山区，横渡红河，经过石七（石屏）、谷哈密查（昆明）、诺马阿美（四川大渡河流域），最终到达吴芭右侧蓝色三角形指代的"惹罗普楚"（大渡河以北、四川盆地与川西高原交会处山区）。吴芭象征了民族自西北向西南的大迁徙，在哈尼族的有关迁徙的古歌与神话中得到印证。

❷ 遥望北方

哈尼梯田文明靠口口相传，没有文字。传说是在一次迁徙渡江时，管理文字的人，不小心把文字咽进了肚里。因此，回顾哈尼族的历史，大多要从民间传说和歌谣里找寻了。

《指路经》中明确指出祖先在"遥远的北方"。一般认为，哈尼族源于长江、黄河上游甘、藏、青结合部的湟水流域一带的古羌族。那时，人们逐水草而居，过着自由原始的游牧生活。从炎黄时期至春秋战国，中原人与羌人的大小战争不断，多是以中原人的胜利而告终，结果就形成史学家们所说的"诸羌部落的民族大迁移"，哈尼族的先民就是在那个时候被迫一步步南迁。有些迁徙是因为自然灾害，如离开瘟疫蔓延的"惹罗普楚"；有些则是因为战乱纷争，如被迫迁离富饶的"诺玛阿美"。哈尼人从青藏高原到四川盆地，再到云贵高原，到昆明坝子，最后在哀牢山停下了脚步。哈尼人一路跟随着江河前行，辗转迁徙，历经磨难，终于寻找到了一处没人打扰的家园——红河谷地。沉睡的荒蛮之地，也被主人唤醒，和他们一并创造了震惊世人的杰作。

经历千余年的岁月变迁，时至今日，哈尼族在现实生活中仍然保留对北方祖先及古老家园的敬仰：坐西北朝东南的大房后山墙上安置敬奉祖先的"侯勾"，以示人心向着北方；床位的走向也是头朝西北方，表示对祖先发祥地的尊敬；还有葬礼上莫批（祭司）诵读的经文等，处处寄托着对古老家乡的"朦胧记忆"和崇敬。

哈尼族（张洪康/提供）

❸ 汉文典籍中的哈尼先祖

在一些汉文典籍中也关于哈尼族的迁徙的描述，如：《史记》、《汉书》、《后汉书》等史籍记载，氐羌族原游牧于青、甘、藏高原，秦朝时由于战乱纷争被迫流放各地。"和夷"，大约是古羌人南迁的分支，经考证被认为是哈尼族的先民，后迁徙至澜沧江地区。

在战国时期，《尚书》中有一篇《禹贡》，文中记载："华阳、黑水惟梁州……和泥底绩"。其中，"和"为山腰之意，"泥"为哈尼语中的人，"和泥"就是指居住在山坡上的民族。这是史书中最早明确出现的有关哈尼族的记载，说明至少在春秋战国时期，哈尼族已经形成，居住在高山地带，以"和"为统一的族称。

从春秋战国时期之后的近千年时间里，在汉文记载的典籍上均未见有关哈尼人的记载。一直到隋唐时期，哈尼人再次以"和蛮"为名称，被写入中国历史中。元朝设置元江路军民总管府，隶属云南行省，对哈尼族等西南少数民族进行统治。明代则在此推行土司制度，哈尼族部落首领由明朝授予土职官衔。清朝实行改土归流，也就是用流官制度代替土司制度，但是哈尼族聚集的思陀等地的土官仍被保留下来。哈尼梯田形成今天如此庞大的规模，土司制度发挥了重要的作用，它不但维持了边疆地区的社会稳定，同时也有利于组织大规模的农业生产。

⟨⟨⟨哈尼土司衙门⟩⟩⟩

如今的哈尼土司衙门，已没有了当时的神秘和威严，但从繁复的建筑结构上，还可以依稀找寻到一点封建领主的权势威仪。在土司区，土司不仅是本区政治上的最高统治者，而且也是所有土地山林的最高所有者。这里的最高统治机构是土司署，拥有较为完备的家庭式政权。土司政权采取世袭的方式，世代父子相传，父死子幼可由叔父或生母代理。哈尼族的土司大都是从氏族部落里的头人直接承袭而来，他们往往是原先家族或村寨的长老。因此，哈尼族的土司封建领主社会，实际上是扩大化的封建家长制大家庭，它的影响贯穿从地方到土司中央的政治、经济结构及社会关系中。

土司衙门

来源：《话说红河哈尼梯田》一书中《消失了神秘和威严的土司衙门》

（二） 造梯田记

　　哈尼族热爱自己的梯田。他们用惊人的耐力和挖山垦田的精湛技艺，将每一处山坡打造成层层级级、错综盘旋的梯田，从坡脚的淙淙河边开始，一直到插入云天外的高端，"云南十八怪"之一的"梯田修到云天外"就是对其形象的描述。作为回报，梯田为哈尼族提供了足够的粮食，让他们在哀牢山中的安定成为一种永久的可能，让他们在无数次的辗转流离中，终于拥有了完全属于自己的土地和家园。

　　那么，最初是谁启发了哈尼人造梯田？

　　哈尼老人的歌中这样唱道：

余晖洒梯田（张洪康/提供）

"远古的祖先，单靠打猎过不了日子，单靠树果也过不了日子。于是他们在'庄家娘'和'大神'的指导下，从老鼠那里学会了打洞种植，从拱山的大猪那里学会了翻地，从在坝塘里打滚的水牛那里学会了开田。还发现草籽和水最亲近，喝过水的草籽就是金闪闪的谷子。从此哈尼人再也离不开梯田和水，把水看成跟阿妈一样亲。他们开田挖沟引水，经过数十代人的努力，逐渐将一座座大山，雕塑成了梯田。"

而古老传说中是这样描述的：

"从前，老祖宗看见螃蟹从水潭里往外爬，爬出了一道道的沟，就学着螃蟹把山挖成一台一台的。以前种的是旱地，直到有一天，一只小鸟飞过这大山，嘴里含着一粒谷子，我们的狗一叫，小鸟吓得嘴一张，那颗谷子就掉下来，偏偏落在耕牛打滚的泥潭中。不久，长出来的谷穗像马尾巴一样粗，谷粒又饱满。这样，我们就在一台一台的梯田地里灌上水，种起水稻来。"

查阅汉书中的史料，有下面的记载：

隋唐时期，梯田农业逐渐成为民族生产生活的一个重要部分。《蛮书·云南管内物产》一书中有"从曲靖州已南，滇池已西，土俗唯业水田"而"蛮治山田，殊为精好"的记载，但是从地理位置上看，书中所指的地区主要是哈尼人开垦稻作梯田的哀牢山区。

明朝著名农学家徐光启的《农政全书》将哈尼梯田列为田制之一。据传，明朝皇帝看过此书后，将"山岳神雕手"的美誉赐予哈尼人，充分肯定了其卓越的创造性和辛勤的劳作。清代中期，嘉庆年间的《监安府志·土司志》精彩地描绘了哀牢山区哈尼族人的耕作情景："依山麓平旷处，开凿田园，层层相间，远望如画，至山势峻极，蹑坎而登，有石梯蹬，名曰梯田。水源高者，通以略约（涧槽），数里不绝。"

这些在时光中被收藏的文字，打开了哈尼梯田绚丽的画卷。画卷中除了摄人心魄的宏大景观，更为动人的是多少年多少代哈尼先民们在田间弓背劳作的背影。实际上，无论留下了怎样的歌谣，怎样的传说，怎样的文字记载，哈尼人就这样踏踏实实地在哀牢山上开垦梯田了，留下沟埂有序、鳞次栉比的漫山梯田，造就了千年梯田的壮观景象，让后人惊绝。这种静默坚韧的民族精神，为古老的梯田增添了几分耐人回味的悠长感慨。

庆丰收（张红榛/提供）

（三）开好三朵花

　　哈尼族有一句老话，叫做"人生三朵花"，即生、婚、死。三个重要的人生阶段，都与梯田息息相关。在哈尼人眼中，人生像花儿一样，每个阶段都是一次绚丽的绽放。

❶ 出生

　　从被冠以梯田的姓氏开始，哈尼人从生至死都与其紧密相连。哈尼孩子出生13天，家人要给孩子举行"命名礼"。如果是男孩，就要举行耕田仪式，也就是在地上画出方格，象征梯田，由一个七八岁的小男孩，用小锄头表演

哈尼女孩（杨伦/摄）

挖梯田的动作；如果是女孩，则要举行劳作仪式，由一个七八岁的小女孩，背着小笆篓表演捉泥鳅摸黄鳝。这样，新生儿就真正成为哈尼村寨的一员，这也预示着他们的一生都将投入到梯田里。劳动是生存之本，哈尼人从新生儿见天之日起就开始教导其要继承勤劳肯干的品行。

❷ 婚礼

　　哈尼人支系繁多，婚礼仪式各地略异、丰富多彩，其中特别之处莫过于吃告别饭、哭嫁、躲婚与过门的礼仪了。

出嫁前三天左右，哈尼姑娘有吃告别饭的习俗，届时准新娘和从小一起长大的女伴们欢聚一堂。姑娘们自觉拿来一碗糯米和一个鸡蛋，边谈边吃，祝福新人婚后幸福美满。红河一带，婚礼多在黄昏时分举行。当天下午，男方到女方家迎娶新娘，女方家以酒肉设宴，款待迎亲的队伍和各方亲朋，迎亲客人用三枚叫"厚思阿玛"的小贝壳作为娶亲的礼物。宴席间，人们唱起《送嫁歌》送予自家姑娘：

> 天上的月亮圆圆的了，
>
> 山里的花朵红红的了。
>
> 长翅的鸽子要远飞了，
>
> 养大的女儿要出嫁了。
>
> 出嫁的姑娘呵，
>
> 告别了生养的父母亲；
>
> 像山坡坡的麻栗树叶，
>
> 飘在哪里就在哪里落脚。
>
> ……

哈尼族婚俗中盛行哭嫁。准备出嫁的姑娘由姑婶和姐妹们精心打扮好，听到了酒席上老人牵肠挂肚的惜别送嫁歌，待嫁新娘对亲人的眷恋便涌上心头，泪珠儿止不住扑簌簌地落了下来。所谓哭嫁，就是边哭边歌。歌中，新娘要哭别从小一起长大的朋友，哭别生养自己的爹娘，哭别同胞兄弟姐妹。新娘对家的不舍总会引得亲朋一起落泪。之后，新娘在村里一位同辈女郎的陪同下，哭着离开了娘家，直哭到走出"寨门"为止。哈尼姑娘的哭婚，一半是由于眷

哈尼婚礼（李静/提供）

恋、惜别的忧伤，一半却是必须履行的一种古规。据说，姑娘出嫁时不哭，今后的日子会不幸福，因此人们认为新娘哭得愈伤心愈好。

第二天鸡叫头遍，新娘会起来烧火做饭。然后有人陪着新娘，到村外井里背一背泉水，再由新郎陪着去自家田边走一圈，表示去认自家的田地。等到日头高升，新娘与陪婚的女友一起背着糯米饭回娘家，送给娘家村子里的每家每户，表示对血缘祖根的尊敬与纪念。

❸ 葬礼

在哈尼族的人生礼仪中，葬礼是最为隆重的。哈尼族认为："人生在世一辈子，死在阴间得永生。""轻生重死"的观念，在哈尼人中普遍存在。"人死魂不灭"，死仅仅是跨向另一世界的门槛，人的灵魂还像生前一样，继续过着某种形式的生活。死亡

哈尼葬礼（李静/提供）

现象被涂上了神秘的色彩，因此为了避祸求福，一般都要举行盛大的葬礼。

出殡前两天，丧家要请有名的莫批给死者念"指路经"。灵魂归途中还须知道祖先的名字，所以莫批还要不断念诵家谱，这样，死者才会顺利得到祖先的承认。哈尼族的葬礼中，一般都有吃临终饭、续气、鸣枪宣告、易床、停尸、净身穿寿服、钉棺等一系列仪式。其中哭唱挽歌是最重要的部分，它贯穿了丧葬活动的始终。

葬礼上杀牛的行为，体现了耕牛对于哈尼人的特殊意义。他们不仅今生今世与耕牛相依，也盼望着牛下辈子也可以是亲密的朋友。按照哈尼人的规矩，与主家有姻亲关系的家庭，都要杀一头牛送到葬礼上。此外，无论谁家有损失，寨民们都会鼎力相助，帮忙做饭、制棺木等。全村各家各户，再加上外寨的亲友客人聚在一起，一场葬礼成为跨越村寨范围的集体大协作。这种民族群体互助的意识，对大规模梯田的形成具有重要意义。

（四）品行如山

哈尼人将一生都伏贴于梯田之上。太阳东升西落，大山成为了梯田人日常生活中日出而作、日落而息的参照物。矗立云间的哀牢山，铸就了哈尼人坚韧与乐观、热情质朴、勤劳肯干、大度忍让的性格。

哈尼人的勤劳，要从小说起。四五岁的男娃娃，就要放鸭子、放牛，在田中拿鱼、捉泥鳅鳝鱼、拾螺蛳、学干农活。长大成家后，男人就要下大田干农活了。农忙时，他们铲田埂、犁田、耙田、修沟；农闲时，他们开荒地、种旱田、上山打猎、下河抓鱼。女人除了日常家务外，也要下田干农活。等到上了年纪，哈尼老人就要将一生的经验、教训以竹筒倒豆子的方式，毫无保留地传给子孙。就连死后，哈尼人也要葬在梯田边，守望他们的梯田。

梯田人生（张红榛/提供）

寻常哈尼人（张红榛/提供）

《《父子联名制度》》

　　哈尼族的父子联名，巧妙地记载了哈尼族的家史和族史。哈尼族没有文字，而父子联名巧妙而准确地记录了哈尼族的家谱和族谱。父子联名制被称为哈尼族社会的"活化石""无字的史书"，具有强盛的生命力，贯穿于哈尼族社会的整个历史进程，被历代哈尼人所承认和使用。

　　父子联名的产生不是偶然的，而是哈尼族社会历史发展的自然现象。其原因在于，公元5~6世纪，哈尼族社会由原始游牧向原始农耕转化，它的经济基础由不稳定，逐步转向稳定，需要稳定、强壮、有农耕技巧的劳动力队伍。因此，男人的地位和作用被突出了；同时，"老有所终，壮有所用，幼有所长，鳏寡孤独废，疾者皆有所养"的"大同社会"有所动摇，"家庭""私有""等级"逐渐明朗。特别是家庭，在社会上的地位和作用更为突出，成为社会的生产单位和社会发展的细胞。既然哈尼族社会、生产力和生产关系、经济基础有了变化和发展，那就要有一种形式能够反映它、表现它。当时，父子联名是最好的表现形式，父子联名制因此而产

生了。也就是说，哈尼族社会经济基础的变化，引起了哈尼族社会上层建筑的变化——产生了哈尼族父子联名这样一种民族文化。父子联名是反映哈尼族社会经济基础的最适合的上层建筑形式。所以，它在哈尼族社会历史上具有强盛的生命力，长期维系着哈尼族社会的宗族关系和家庭关系。

来源：《哈尼族父子联名的内涵和外延》（作者：韩培根）

哈尼人是真挚而热情的。哈尼族经历了漫长的迁徙过程，他们的生活中充满了孤独与磨难。"南迁到了哀牢山后我们成为世界上最孤单的民族，只有石头和我们作伴，只有老虎豹子是我们的邻居，没有其他人，没有其他民族。"哈尼人的热情是从孤单中产生的，对所有的人都有一种天然的认同，认为是与自己有血缘关系的亲人。

去哈尼人家做客，即使以前未曾见过，主人也会像老朋友一样招待，一边将酒、鱼等递给老婆去做，一边问好寒暄、拉你坐下，又是吸烟又是喝茶，直到饭菜上桌。酒满后，先敬你，然后是不停地夹菜。酒至半酣，主人就开始唱歌了。哈尼族有这样一句话："酒一进去歌就出来"，主人款待朋友的喜悦只能用歌声来表达才畅快过瘾。

哈尼人有忍让的美德。哈尼人生活的地方，还同时生活着汉族、彝族、苗族、傣族、白族、拉祜族等其他民族。千百年来，哈尼人与这些民族同居一山，"共耕一片梯田，同饮一种酒。"彼此从未红过脸、打过仗，一直是和平相处。就是因为哈尼族善于忍让，遇到任何矛盾才能总是主动先退让一步，让矛盾慢慢化解，为民族的生存与兴旺创造了良好的社会环境。也正是因为没有争端与战争，各民族和睦相处，哀牢山民才能全身心地投入到农业劳作中。

坚韧与乐观的性格，是哈尼人在长期迁徙与顽强开造梯田的过程中形成的。作为一个农业民族，哈尼族人在漫长的迁徙中始终有一个坚定信念，那就是要找一块适合农耕的平坝。所以即使走上再艰难的路，他们也要昂首前行，笑对故乡。一路漂泊的艰难，没有夺走哈尼人寻找安定的信念，正是这种坚定与乐观塑造了哈尼人顽强而坚韧的民族性格，让他们最终创造了新的美丽家园。在哀牢山安定之后，面对自然界的种种磨难，哈尼人也没有沮丧。如果泥石流、山地滑坡等自然灾害破坏了梯田、房舍，他们会认为山水自然也会有不舒服、不高兴，甚至生病难过的时候，梯田、房子被自然灾害弄坏了，只要慢慢修理好，总可以有新的开始。

四

维系千年的生态哲学

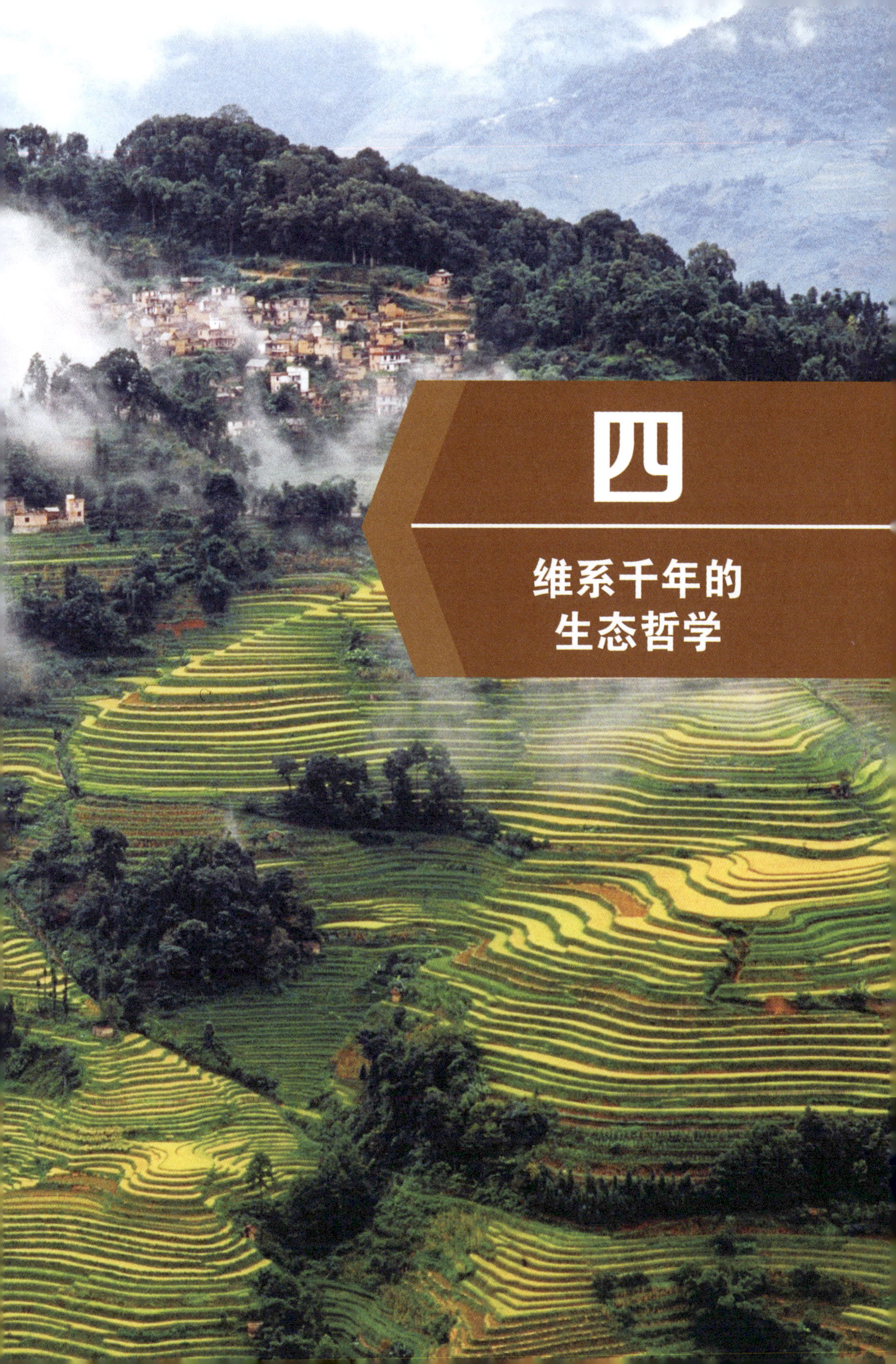

哈尼的阿妈背上有九层，一层背着红河，一层背着大田，一层背着寨子，一层背着菜园，一层背着老林，一层背着牛羊，一层背着荞子，一层背着苞谷，还有一层嘛，背着哈尼儿孙。这是对哈尼人与自然和谐相处最形象的解释。

辛苦劳动的哈尼阿妈

尊重自然而有序适度地加以改造，这是哈尼梯田的核心价值所在。哈尼人在修筑梯田的过程中的适应是创造性的，不是被动的。哈尼族遵循自然法则建构的森林、村寨、梯田、水系的良性循环系统，是可持续发展的良性循环农业生态系统，形成了哈尼族认识自然、改造自然、利用自然的完整科学体系。哈尼人创造了自己的文明，他们不知道什么是生态学，却用自身的行动筑造了最科学的生态系统。他们没研究过什么是可持续发展，却一直默默地秉承着人地和谐的理念。他们没有读过很多书，却一不小心成为了科学家，无意间创造了"四度同构"的生态格局。他们默默地生活在这片土地上，深爱着每一寸土地，也继续用心雕琢着属于他们自己，也属于全世界的艺术。

"四度同构"（张洪康/提供）

2010年百年不遇的大旱，让哈尼梯田的魅力瞬间提升了百倍。哈尼人民无意间创造的这份奇迹，又一次让大家惊叹。当贵州、云南很多地区的人畜饮水都成严重问题时，哈尼梯田里依然波光粼粼，哈尼人民依然平静地过着一如往常的生活。山顶茂密的森林源源不断地送来水源，有些梯田区甚至还可以往其他地方供水。为何会出现如此截然不同的景象？是千年以来哈尼梯田形成的独特的生态系统拯救了这里。

水雾缭绕（李旭/提供）

（一） 四度同构，万物共荣

　　群山中的哈尼人，在漫长的社会实践中，探寻出了一种人面对自然时所应遵循的原则和态度。他们的每一个行动都考虑到了子孙后代的福祉，体现了对自然的敬畏和呵护。这个民族信仰的是自然神，房前的一簇茂竹，屋后的一棵大树，在他们眼里都是有灵性的。在他们看来，人的幸福，离不开神灵的佑护。所以他们在开垦梯田时，处处显出了虔敬和细心，照顾了山的走向、水的流向，为树木的伸展留出了空间，为鸟兽的进出安排了路径。

以梯田为信仰的民族（张红榛/摄）

　　他们打造的梯田体现了人与大自然相处所能达到的最高的和谐度：每一个村寨的上方，必然矗立着茂密的森林，提供着水、用材、薪柴，其以神圣不可侵犯的寨神林为特征；村寨由座座古意盎然的蘑菇房组合而成，形成人们安度人生的居所；村寨下方是层层叠叠的千百级梯田，提供着哈尼人生存发展的基本条件——粮食；源源不断的水流穿过村寨和梯田，汇向河流。这一结构被生态学家盛赞为"四度同构"，是人与自然高度协调的、可持续发展的、良性循环的生态系统。

　　历经上千年的演化，哈尼梯田稻作农业系统的森林、村落、梯田以及河流四个子系统维持着正常的能量流通、物质循环、信息交换等生态功能，维持着丰富的生态多样性。高山区森林、中山区村寨和下半山区梯田在哀牢山立体地貌和立体气候带中的不同层次分布，构成了哈尼族居住区特有的平衡生态空间格局。居住在温和的半山区是哈尼族千百年来生产、生活对自然的适应和选择，同时也是自然生态环境和农业生态环境对人的要求。这样的格局分布体现了科学性、合理性，蕴含了深刻的生态学原理。天然降水落到地面上后，形成地表径流（部分下渗），地表径流沿坡面流经森林、村寨和梯田。由于梯田修成水平面，并有一高出水平面的田埂，地表径流及其携带的泥沙在梯田中被截留，并逐级沉淀，从而达成了保持水土的效果。另外，森林—村寨—梯田在高度上的错落分布，方便了哈尼人的生活，上可入山打猎、采集、砍柴等，下可方便地施肥入田和管理梯田，同时又把哈尼村寨中的生活污水、垃圾、粪便截留在梯田之中，使梯田肥力增加，并减少了人对环境造成的污染，形成了一个自净系统。

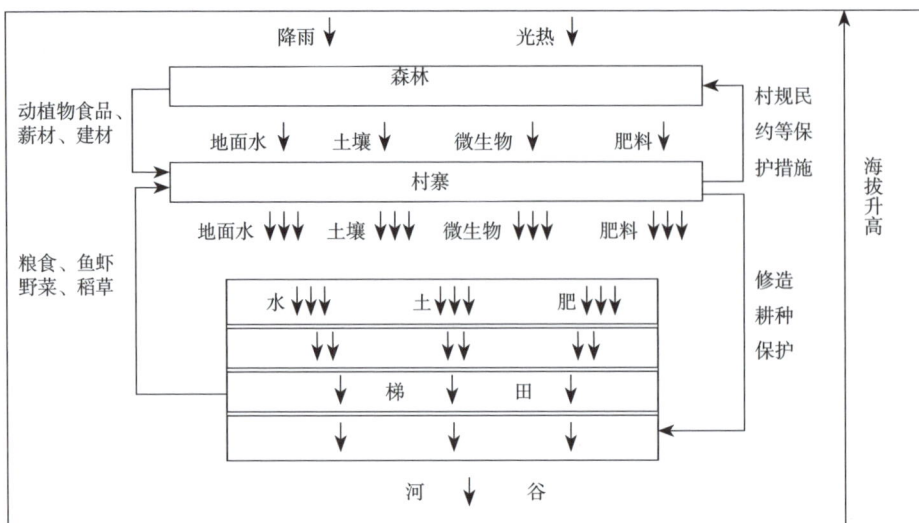

梯田系统的物质流能量流（哈尼稻作梯田系统全球重要农业文化遗产申报文本）

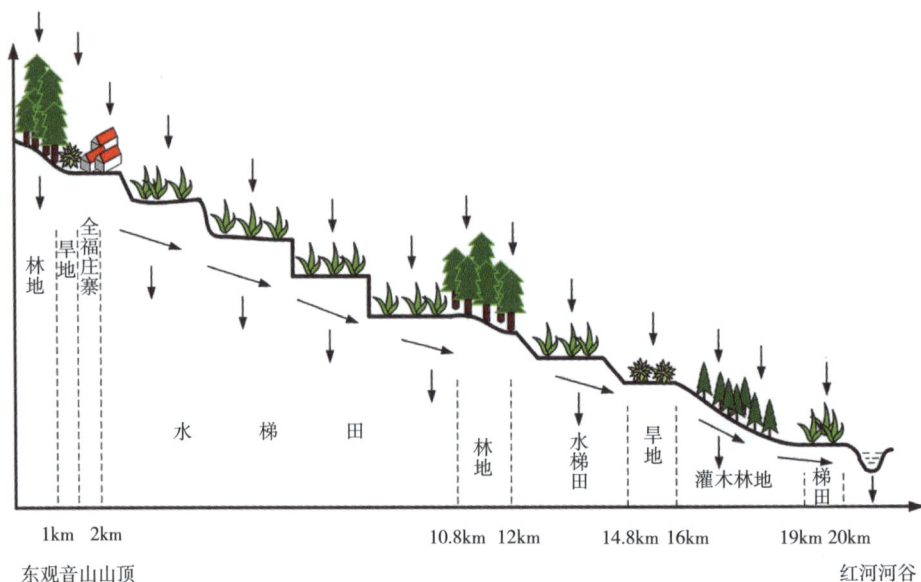

哈尼梯田剖面图（哈尼稻作梯田系统全球重要农业文化遗产申报文本）

（二）　绿色屏障的守护

> 人的命根子是田；
>
> 田的命根子是水；
>
> 水的命根子是森林和树木。

　　哈尼古歌里唱出的不仅是一种追求，更是一种信仰，一种千年不变的对森林爱护与崇拜的生存规矩。

❶ 苍茫原始林

　　云贵高原绝不仅仅只有哀牢山一座山脉，哈尼人在走过了很多大山之后，之所以最终选择了哀牢山，茂密的森林是主要原因。在哈尼梯田这个区域，森林

高山密林（莫明忠/摄）

大概占75%，梯田只有20%，村庄和道路大概占了5%。走进哀牢山，触目所及之处，都可以看到莽莽苍苍的原始森林。它们铺展在雄峻的大山之上，苍翠广阔。哀牢森林里的树是硕大的，根密布在森林的土地之中，盘旋纠结；树藤也是硕大的，它们依附在参天的大树身上，或互相纠缠，或悬空而挂。抵达哀牢山后，哈尼人没有钻进林子里，变成一个隐居山林、猎获山货为生的民族，而是止步在海拔1 400~1 800米的半山腰，在原始森林的下方，建寨挖田，生儿育女。哀牢山具有"山有多高，水有多深"的特点，哈尼人的祖先知道，林子里那些神灵沐浴过的不尽的水源，就是他们和万世子孙活命的根本。他们把对森林的爱融在了虔诚的祭祀和维护之中，用神的力量护卫着森林的繁茂。为了梯田，为了家园，哈尼族把自己的生命和森林的生命紧紧连成了一个整体，在哀牢山上，唇齿相依。

原始森林（文世坤/摄）

林护村寨（张红榛/提供）

绵延数百里的哀牢山，贯穿云南中部，跨热带和亚热带，是南北动物往来的天然走廊，也是世界某些鸟类迁徙的必经之地，因此成为保存生物多样性难得的"基因库"。哀牢山拥有优越的地理位置和地形地势，植被资源也被保护得较为完好。这为远来的动物提供了幽静的森林环境，使它们流连忘返而定居繁殖。因此，哀牢山分布着多种区系的森林动物，被称为"动物王国"，是国内动物资源密集的地区之一。哀牢山保护区的鸟、兽多达40多种，两栖爬行动物有46种，已被列为联合国"人与生物圈"森林生态系统的定位观察站。

哀牢山复杂多样的地貌形态、气候类型和土壤类型，为起源古老的陆生高等植物的生存、繁衍以及进一步分化创造了得天独厚的条件，形成了复杂多样的植

森林植被（李信忠/摄）

森林与梯田（李信忠/摄）

观音山（莫景林/摄）

被。根据生态环境、森林的组成、结构、外貌特征，哀牢山的植被可以划分为8个类型、20个植物群系、36个植物群落。如此复杂的植被在哀牢山立体地貌和立体气候带中分布，形成热带、亚热带、温带、寒温带植被立体分布的景观。

在深河谷区，木棉树、火绳树、毛叶黄杞草构成了热带稀树草原；在浅河谷区，木棉树、榕树、马兰树、八宝树、野蕉、大野芋构成了热带季节雨林；在下半山区，思茅松、麻栎、红椿等构成亚热带针阔叶混交林；在上半山区，酸枣、野核桃、野樱桃、黄杞、红油果、木荷等构成温带落叶、常绿阔叶林；在高山区，壳斗科、马蹄荷、木兰科、樟科、竹科树神构成寒温带阔叶混交林。哀牢山属于典型的亚热带森林生态系统，从河谷到山顶依次分布着沟谷雨林、季节性雨林、常绿阔叶林、苔藓矮林等。哀牢山上的原始森林至今还保持着亿万年前的

记忆，在它的丛林里，可以找到自中生代开始，就已经存活在地球上的生物活化石——桫椤。

❷ 梯田保护神——水冬瓜

森林是梯田之源，哈尼人热爱森林、保护森林、崇拜森林，每个哈尼族村寨都有一片被虔诚祭祀的寨神林。

在众多的树木中，哈尼人最偏爱、最崇敬的树种要数水冬瓜树，因为哈尼人知道水冬瓜树最能涵养水分。可以毫不夸张地说，正因为有了水冬瓜树的涵养，哈尼梯田的容颜才像今天这样滋润和灿烂。

在哈尼山乡，水冬瓜树的影子随处可见。在一个名叫界排的哈尼山寨旁，长着一株古老高大的水冬瓜树，它默默地守护着山寨不知有多少个春秋，村民们从不敢动它一根毫毛，还把它当作神树来祭祀。哈尼人保护、崇敬水冬瓜树具有宗教意义，因为水冬瓜树是哈尼宗教祭祀活动中有用的树种，但这之中更有感恩的心态。因为哈尼人知道，只要山上有一片水冬瓜林，山下就会流淌出清清的泉水。

祭祀（张洪康/提供）

水冬瓜（熊英/摄）

水冬瓜树和其他众多树种比起来，其貌不扬，甚至可以说是有点丑陋，但它能够给万级梯田送来长流不息的泉水，备受哈尼人的呵护与偏爱。哈尼山乡的许多村名地名和水冬瓜树有关，有冬瓜林村、冬瓜林寨等。元阳县新街镇有一片叫冬瓜岭的树林，山岭上的树木多数是古老的的水冬瓜树。

这么古老的水冬瓜树为何能存活到现在？这也许与哈尼族的生产生活习俗有关，哈尼族有一句谚语，"冬瓜木不盖房，棠梨木不立柱"。水冬瓜生长迅速，适应性强，材质较好。其根瘤菌、叶为优质绿肥，树皮含单宁，可用于提炼橡胶。正因为水冬瓜树有这么多优点，在红河南岸山区，人们把这种乡土树种列为营造生态林的首选树种。在元阳县胜村乡农民种植的水冬瓜林里，我们看到地面潮湿，有的地方冒出了涓涓细流。幼林里种植了草果等经济作物，这些经济作物两年后就会开花结果，给造林者带来丰厚的经济收入。有了稳定的经济来源，林区的民众就不会以毁坏森林为代价来换取基本的生存需要。

水冬瓜树的天然更新能力较强，在阳光充足的林中空地、荒地以及沟谷湿润地带天然更新较好。在哈尼山乡，我们常常可以看到，在滑坡或挖沟修路挖出来的新土上，会长出淡绿色的水冬瓜树，而且迅速成长为一片小树林，这就是水冬瓜树在种子成熟后随风飞散、自然播种的结果。平时我们在哈尼山乡的田边地角看到的较稀疏的水冬瓜树多数属自然生长，只要人们不去毁坏它，它就会在几年里长成大树，既能护田固地，还能产水供养梯田。

面对水冬瓜树的自然飞播现象，人们不禁会想到，大自然是不是在冥冥之中也有自我调适、改善生态的思想与能力？水冬瓜树为万顷梯田送来长流不息的清泉，梯田以波光粼粼的微笑和金色的谷穗报答森林的滋养之恩。

《《山有多高，水有多高》》

哀牢山低海拔河坝区的终年蒸发量在2 300毫米以上，巨量水汽随着热气团层层而上，在高山区受到冷气团压迫冷凝为浓雾，使该地区终年云雾缭绕。浓雾再度凝聚为雨水，洒落在高山区的原始森林中，被森林吸收贮存为地表水和地下水，形成无数溪、潭、瀑，这就是哈尼梯田的"山有多高，水有多高"的水文状态。

流淌的春色

来源：《中国国家地理》2011年6月第608期

（三）　生生不息的河流

"四度同构"的良性生态循环中，河流处在系统的最下方，但实际上，河流却以水的形式贯穿了整个系统，是梯田的灵魂和核心要素。它从林中来带来了腐殖质，又从村寨绕过，将人畜粪便捎带着流到大田里，从而维护了整个系统的生命活力。

哈尼人在河中捉泥鳅（张红榛/提供）

而谜底，就在莽莽苍苍的峻岭深谷中，在郁郁葱葱的森林里，在涓涓流淌的水沟内，在半山腰的村寨中，在层层相接的梯田间。首先，雄伟的哀牢山脉被滚滚的红河水切割得峻峭而深邃，高耸的山顶到河谷高差2 000多米，形成了典型的

高山流水（张洪康/摄）

"立体气候"。山上常年被茂密的植被覆盖，既有高大的乔木，也有低矮的灌木丛，还有覆盖在地表的草地。干热河谷中的大量水蒸气上升到半山腰，受高山降温冷凝，积云成海，被高山森林所吸纳，再慢慢释出，形成溪水、山泉。人们开挖大大小小的水沟，使水流经过村寨流入梯田。

此外，红河南岸的地理特点与北岸几乎迥异。南岸的哀牢山植被丰茂、青翠欲滴，土壤肥沃、饱含水分，来自河谷地带的暖湿气流不断翻卷升腾，也为梯田开垦提供了地利与天时。在垂直的山地环境下，地形地貌、立体气候和植被三大自然条件的完美组合，为哈尼梯田农耕提供了天然的水源地。

森林是绿色的水库。以哈尼梯田核心区之一的元阳梯田为例，这里遍布166 689亩梯田和147 252亩旱地，没有一座水库，却能够得到充分的水源灌溉。原因是元阳有63 958.4公顷森林，其中东西观音山有18 167.6公顷原始森林，分布

川绕梯田（戴云良/摄）

红河（李昆/摄）

在各山各岭的原始森林和次生林就有45 790.8公顷。森林通过对降水的吸收和截留，增加了土壤入渗时间，使地下径流增加，地表径流减少。降水通过地下水出露的方式为梯田所用，成为梯田灌溉水的主要来源之一。另一方面，森林还保持

湍急的水流（李昆/摄）

了水土，减少了山区的水土流失量，使山地不致因水土流失而淤塞梯田，导致梯田废弃。同时，数万亩梯田形成巨大的湿地，加之纵横密布的河溪，为充分的降雨提供了丰润的水分，循环往复，生生不息。

红河县的阿姆山、么索鲁玛大山，元阳县的观音山保护区，绿春县的黄连山自然保护区，金平苗族瑶族傣族自治县的分水岭保护区，为哈尼梯田布下了一个小气候，从中吐出无数的溪水，形成了密集的水系，滋润着万顷梯田。

水循环依循地形，带动了气候、植被和农耕，四者完美结合形成了哈尼梯田优良的农业生态环境。水是农业的命脉，依山就势、盘绕回旋、逐级而下的梯田形成了独特的自流灌溉体系。如果说森林和雨雾为这个系统提供了源源不断的水源，梯田和水沟则就是巧妙地利用了山势为自流灌溉提供了动力。

（四）村寨的选址与布局

村寨的存在，意味着哈尼族在自然与生存之间，划定了一个创造的基点，在这个基点上，所有的创造才有了完美的归宿。

村后是茂密的森林，村前是万道梯田（张红榛/提供）

哈尼族祖先在经历了长久的流离失所之后，最终选择了哀牢大山作为永远的停留地，而哀牢山的艰险则激发了哈尼族创造的智慧和勇气。当哈尼族在哀牢山上建立起第一个完全属于自己的家园时，开垦梯田的宏伟计划便列入了哈尼族世世代代的生活之中。

梯田开垦是一项艰巨而长久的工程。在高高的哀牢山上维护梯田的生长，需要充足的水源和大量的劳动。因为山高难行，水只能采源于高处，而梯田劳动如果由上而下地进行，则会节省更多的体力。因此，哈尼族选择建寨的地点时，就要兼顾两者的平衡，同时也要选择四季温润、气候宜人的区域。在低海拔河谷地带，炎热潮湿，瘴疠流行。在高海拔山区，常年云雾蒸腾，阴冷潮湿。而在中半山区，年平均气温15℃，全年日照1 630小时，降雨1 000毫米左右，气候温和、阳光和煦降水充沛，适宜人居。这些地方用哈尼人的话说，好养娃娃。

《《建新宅的"丈克勒"仪式》》

哈尼人建新寨时要请莫批占卜吉日和地点，随即举行神圣的"丈克勒"仪式，意即"驱逐鬼神清扫寨基"。活动择吉日傍晚开始，参与建寨的各户，每户至少派一名成年男性，象征性地背着行李，按长幼序，在鼓和火枪声中，去往新寨基。人们在新寨基中心燃一堆火，围火堆团团而坐。参加"丈克勒"的人只能是单数，外加一名莫批和一名化装成鬼的人，且女性不能参加。其余的人围坐在火边，吹奏号角，以振声威。扮鬼的人面涂奇异花纹，反穿上衣，倒披蓑衣，口含锯镰，东藏西躲，四处逃窜，驱逐者们排成纵队，追撵不止，其中莫批首当其冲，率领"丈克勒"队伍，先从上至下，再从下而上，撵出一块可容纳百户人家的清洁之地。当然，哈尼人不会赶尽杀绝，最后会为鬼盖一间象征性的"鬼房"，随即杀鸡宰狗祭鬼神安寨。自踏上新基的第一个晚上起，直至各户入住新房，不论多久，标志新寨心脏的火种日夜燃烧着。

来源：《世界遗产》2012年第2期《哈尼村寨 房子是一朵蘑菇，寨子是一窝蘑菇》（作者：兰梭）

当哈尼族由游牧向稻作农业过渡转化时，哈尼族人的生活方式也开始转变为定居生活，哈尼聚落的选址主要依附梯田稻作农业展开。其选址与同以精耕农业为基础的汉族风水观及基本选址原则非常相似，都强调"山、水、气、脉，人与自然的和谐"。

聚落基址选择的基本原则是负阴抱阳，藏风聚气，背山临水。根据哈尼族史诗《哈尼阿培聪坡坡》对聚落选址"上方的山包做枕头，下头的山包做歇脚，两边的山包做扶手，寨子就睡在正中央；神山神树样样不缺，寨房秋房样样恰当"的描述，以及哈尼族在聚落选址上口头传习的古训"惹罗古规"中对哈尼族聚落三要素——寨头、寨心和寨脚的训示可知，哈尼族聚落选址的模式符合精耕农业生产的内在逻辑。

其中，寨头即寨神林。哈尼族会在水源地附近建村设寨，开挖沟渠，避免水源地被污染。他们将高山上的原始森林和水源地附近的山林视为神灵加以膜拜，严禁砍伐。哈尼人深知，树是水的命根，水是田的命根，田是人的命根。于是，在村寨的上方，必然有一片提供生活和生产水源的森林，被称为寨头的寨神林。寨脚即磨秋场，由植物四面围合一块平地，其正面对着村寨下方梯田，是农忙时晾晒粮食的场所，农闲与节日时用于村民跳舞、唱歌等娱乐活动。聚落的"寨心"选在"凹塘中央"，即相对周围地势较低的缓坡地，这与哈尼族内聚性的心理需求相符。

《《《分寨》》》

哈尼人奉行"树大分枝"的生命生存哲学。人口繁衍，村寨扩大，必须新开梯田，新开之田离村太远，就分出村寨附近的田地，冠以与老寨相连的新寨名。此所谓村寨联名，相隔数里，一脉相承，仍是一家。

如居住在云南红河州元阳县南部的黄草岭、俄扎一带的哈尼族腊咪支系，至今尚保存着较为完整的"地名联名制"：母寨分出若干子寨，子寨又繁衍出新的子寨，子寨名称里都带有母寨名称的一个字。

哈尼人分寨及分水、分田、分树等，其核心理念都是根据平等利用、总量控制资源原则，化解矛盾，分享资源。分而共用的生存和处世哲学，稳定了哈尼族的生产、生活秩序与状态。

来源：《哀劳家园——元阳六蓬哈尼部族及其后裔》（作者：艾扎）

云上人家（李昆/摄）

在哀牢山中，哈尼村寨是梯田的起点。从它开始，哈尼族将对于家园的热爱扩散开来，直至铺满整个哀牢大山。哈尼梯田的农耕活动和哈尼族悠久的民族文化相互融合，形成了独特而美丽的哈尼村寨。

哈尼村寨（张洪康/提供）

（五）高坡度的稻作梯田

哈尼族的梯田是一页曲谱，铺展在大山之间，千百年来，由哈尼族持续不断地修改和演奏。哀牢山的沉寂和宽广为哈尼族提供了一片安居的乐土，而它沟壑纵横的立体地貌迫使哈尼族规划出了梯田建设的蓝图。

哈尼梯田地处北回归线以南，属亚热带季风气候类型。以红河县为例，大于等于10℃活动积温变化在1 800℃到7 600℃之间，持续时间为129~333天不等；全县平均日照时数1 700.4~2 049.4小时，日照百分率为40%~47%；年平均降水量为1 340毫米。5~10月受北部湾东南季风和孟加拉湾西南季风影响，降雨多，水气充足，形成高温高湿的雨季，比较适宜水稻的生长。加之红河县境内地形起伏，山区降水量增加，水稻可生长到海拔1 950米左右。

以中低山切割地貌为主的地形，也为稻作梯田的形成提供了必要条件。哈尼梯田地处横断山脉纵谷区的南缘，受新构造运动和红河水系各支流的影响，呈现明显的剥蚀构造地形，山势依水流呈"歹"字形分布。由于河流水系切割较深，地表破碎，地形异常崎岖，地面坡度也随河谷的深切而比较陡峻，极易产生水土流失，且流失速度快、流失量大、流失面积广。哈尼族人为了种植水稻，就必须开辟水田。在山坡上开田，就必然要解决坡度陡、水土流失量大的问题，而梯田不仅改变了坡面坡度，还截留了坡地自身的水土流失物。为了养活众多的人口，就必须开辟大量的田地来种植粮食作物，而梯田稻作有较高的产出，能养活较多的人口。因此，梯田稻作形成于这样一个山区面积广大而人口众多的地区并不是偶然的。

土壤也是梯田景观形成的必要条件之一。变质岩、碎屑岩及岩浆岩层分布区以及火成岩地带。由于降水丰富、地表植被良好、土壤透水性低，故有隔水层，形成浅层裂隙水，出水点在山区随处可见，因而形成"山有多高，水有多高"的特殊现象。而这一地区，也正是梯田广泛分布的地区。由于梯田是在山坡上垒土

田埂（田密/摄）

为埂、层层而上开辟出来的田地，因此，田埂土壤的粘性和保水性就变得极为重要。红河县的梯田主要分布在红壤、黄壤和紫色土的分布区内，其成土母质基本上是板岩、砂岩、页岩和花岗岩等风化形成的产物，加之生物作用强烈，土质黏重，易保水保肥。同时，哈尼人年年都要维修一次田埂，维修时用水稻土打田埂，更增加了田埂的保水保土功能。

经历了千年的岁月，梯田依旧在为哈尼族提供着生存的需求和生命的希望。在现代文明极度发达的今天，梯田农耕文明显示了顽强的生命力。梯田改变了坡面坡度，从而增加了土壤入渗时间，减缓了地表径流流速；同时，切断了坡面径流，也减小了坡面径流汇集面积，从而减小了径流量；再加上梯田田埂对天然降水形成、携带泥沙的地表径流的拦截，使径流量减少94.7%，减水减沙效益为100%，在一定程度上控制了滑坡和泥石流等地质灾害的发生。

五

农耕之道，
遵循章法

哈尼族能够在险峻的地理环境中创造出与自然生态系统绝妙吻合、浑然天成的雄伟梯田，维持并发展了上千年的哀牢山农业文明，必定有其较为完整的农业知识体系。哈尼人民的确异常聪明，他们聪明地发现了如何开垦梯田、如何让梯田保水、如何维护梯田，也发现了如何让梯田的生命更加长久。他们在山坡较平缓处开出缓坡旱地，然后把旱地改造成台地，最后再改造成水田；他们聪明地发现森林是来水和保水之源，因此几千年来约定俗成地严格保护他们赖以为生的森林，甚至划出寨神林进行崇拜；他们聪明地在村寨里修建蓄水井，像珍惜生命一样珍惜山上流淌下来的清泉；他们聪明地利用高山森林吸纳雾水，又在沟谷平地形成溪泉并循环往复的能力，获得了丰富的水源；他们聪明地利用他们村寨在上、梯田在下的地理优势，通过"水力冲肥法"在村寨内挖塘存肥，抑或待雨水冲肥，抑或春耕时分开塘放水冲肥，为扬花孕穗的稻谷提供充足的肥料；他们将生活垃圾用于肥田，世代过着我们现在经常挂在嘴边的"低碳"生活；他们深知开田的艰辛，知道如何用好每一寸土地；他们知道哪里需要有森林，哪里可以垦田，哪里可以种果树，更知道哪里的土地分外需要关怀；他们知道如何让天和地更好地为他们带来食物，纯朴地认为一切丰收和喜悦都是寨神"昂玛"的保佑，每年都举行大规模的祭祀，却谦卑地不去计较自己的辛劳，一如既往地垦田和生活。

引吭高歌

哈尼人就这样一代又一代地在大山的脉络里开垦、耕作，他们高唱着的《哈尼四季生产调》（已于2006年被列为首批国家级非物质文化遗产）传承了哈尼人劳动耕耘的智慧，延续了后代，铸就了哈尼的遗产。

⟪⟪哈尼族四季生产调⟫⟫

　　哈尼族"四季生产调"流传于红河哈尼族彝族自治州红河、元阳、绿春、金平等县。哈尼族历史上无文字，其先民积累的大量关于自然、动植物、生产生活的丰富经验形成了一套完整的农业生产生活和民间文化知识体系，经过总结提炼，以通俗易懂的歌谣"四季生产调"的形式一代代传承，使哈尼族农耕生产、生活的传统文化一直延续至今。

　　"四季生产调"虽有不同版本，但主要内容相同。现于红河州收集到的歌谣约1 670行，分为引子、冬季三月、春季三月、夏季三月、秋季三月5个部分，完整再现了哈尼族的劳动生产程序和生活风俗画面，传授系统的哈尼族梯田农耕生产技术和独特生活习俗，是一部完整的哈尼族生产生活教科书。引子部分有41行，用精彩生动的语言强调了传承古歌、传授传统知识的重要性，其余部分按季节顺序讲述或介绍了梯田农耕的程序，包括泡田、打埂、育种、撒秧、插秧、拔秧、栽秧、薅秧、打谷子、背谷子、入仓等过程及相关的民俗活动。其中也包括了与农耕活动相关的天文历法和自然物候变化规律，用通俗易懂的语言描绘了哈尼族祭寨神、六月年、十月年这三个祈祷和庆祝丰收的节日，并对年轻人进行人生礼仪教育。

　　"四季生产调"体系严整、通俗易懂、可诵可唱；内容非常详细具体，可操作性强，语言生动活泼、直白朴素；传承历史悠久，传承的群众基础广泛，不仅是对梯田生产技术的全面总结，也是哈尼族社会伦理道德的集合之作。其主要是由"莫批"（祭司，哈尼族民间文化传承人）通过收徒弟、家庭传承及在节庆或公众场合演唱等方式进行传承。目前，能系统传唱"四季生产调"的长辈艺人和祭司已屈指可数，其传承亟须加强。

四季生产调解读书籍

来源：哈尼族四季生产调解读（编撰：张红榛）

（一） 梯田的雕塑与打磨

梯田的开挖是讲究时节的。每年的冬季至阳春三月，气候温和凉爽，土质干燥，是开挖梯田的最佳时节。一般来说，梯田是从山上往山下开挖，但也有从山脚往上逐层开挖的。大多数时间人们会选在地形平缓、水源充沛的地方开挖梯田，要先在山坡平缓的地方开挖出缓坡旱地。开挖梯田的人用板锄、撮箕、刮板等工具把高处的土往低处搬运，顺势平整松土，再经过一段时间的耕作，缓坡旱地便逐渐变成较为平坦的旱地。之后，经过充分的灌溉，人们把旱地改造成台地。经过不断熟化，土地落实粘固，形成稳固基础，之后再挖沟引水，夯筑田埂，最终将旱地改造成为水田。高山水田与低山水田又有管理上的不同，高山水田长年保水，一是为了牢固田埂，二是为了蓄积山水。低山水田则每年放干积水晒田，这样可以增加地力。

一千多年来，哈尼先民就这样不断地开挖新的旱地，改造出新的水田。而在有些水源充沛的荒山，便可以直接开挖梯田了。

开挖新田（张红榛/提供）

哈尼族开垦梯田时的想象力令人惊叹。他们随着山势回环灵活处理，因地制宜。坡缓坡大就开垦大田，陡峭之处就开垦小田，甚至在沟边坎下石隙之间，都奋力开田，丝毫不浪费空间。放眼远眺，田地大者有数亩，小者一披蓑衣就盖过来了。一坡

雕塑大地（左：段心民/摄　右：梁荣生/摄）

成百上千亩的田，层层叠叠，千姿百态，变幻莫测。哈尼人用一代代不懈的坚持努力，创造了这动人心魄的奇迹。

田埂是用开挖梯田时挖出来的大土饼依次垒起的。每放一层，哈尼人会用脚踩实或用锄捶实。田埂分为上埂和下埂，二者的高度因山势缓陡而区别。山峦越高越陡峭，因此越往高处，田埂越要不断地加厚。高山陡峭，田埂较高，有的高达4~5米，十分厚实宽大，二人并行毫无问题；在低山，坡度和缓，田埂较低，薄至4~5寸，只有老练的种田人才能顺利地在上行走。

收割后的梯田

　　垒砌的田埂要保证坚固耐用，且不渗漏田水、不跑肥，这就需要开挖时打好基础，不能马虎。每年春季要铲修田埂一次，不让野草滋生，不让老鼠打洞。经过一个冬季，田埂立面长满了杂草，开春插秧之前一定要把草铲除，铲下的草用来作为田里的肥料。哈尼人像精心雕琢一件艺术品一样，仔细打理梯田：抿糊下埂，刮平，认真修补渗漏之处，崩塌的地方也要及时筑好。年积月累，田埂愈加牢固、美观。修过了的田埂像是理了发的人，精神焕发，等待着新一轮的生产开始。

（二）　独创巧妙的水源管理

千百年的找水、造水、用水、管水的智慧，至今仍是哈尼人最有效的生产工具，可以说是一个完美的水循环系统。靠近森林、靠近水源，是哈尼人选择在上半山居住的原因。由于山上水流终年不断，哈尼梯田一年中大部分时间都是注满水的。从高山顺沟而来的泉水，流过层层梯田，由上而下依次灌溉，最终流入江河，周而复始，永不中断。哈尼人特别忌讳"绝""尽""干"这样的字眼，杯中的酒不能喝干，田里的水不能放干，谷仓里的谷子不能吃尽，不杀母鸡只杀仔鸡。因为在他们的文化中，人的生死与梯田的生死有重大关系，梯田的生死关键在于水，而水是不能干的。哪块梯田里的水干了，说明这家主人很懒，是要被村人取笑的，而且梯田里的水干了，也说明梯田的生命走到了尽头，那就意味着将要面临饥饿和贫困，甚至是死亡。所以水是贯穿哈尼梯田生态系统的最重要的元素，水的生活经验是哈尼族人智慧的最重要的部分。

❶ 泥沙沉淀与水沟修建

梯田用水从高山遥遥而来，夹带碎石泥沙，于是哈尼人在沟水入田处挖一个坑沉淀沙石，有效地防止梯田沙化和碎石堆积，保证灌溉水流的畅通。水沟跨州连县、密如蛛网。灌区内所有的人都视水沟为命根，对水

生生不息（张洪康/提供）

沟有着义不容辞的责任，不但兴修时出力，对护养沟渠也视为己任。沟渠稍有破损，谁见谁修，蔚然成风。除这种经常的维护外，哈尼人民还在雨季到来之前出动大量的人力和物力，把所有的水渠修通，并在暴雨季节派人疏通水渠，随时排走多余的水，以保证梯田和水渠的安全。每年冬季，各村出动，疏通沟渠，砍去杂草，维修一新。此外，水沟还避免了泥沙不断淤积造成的梯田面不断升高、保水能力下降的现象。哈尼族在开挖集体水沟上有相当严格的规定，在已经开挖的水沟上方不可以再开挖水沟，只能在其下方开挖，因为开挖的新水沟会截住旧水沟的水流。

灌溉梯田的水沟由主源头引来，蜿蜒进入它所滋养的梯田地域。这些沟渠一般都有名字，有的以地名命名，有的以古时组织挖沟的人的名字命名。这些沟渠适当地接纳了山林之水，水流进入灌溉地后就不断分岔，分头流入梯田。而在梯田的相应部位，都留有出水口，当上丘田的水位达到一定位置，水就溢出淌进下一丘田里。如此丘丘传递，层层连灌，使得田与田之间血脉相通，直到将水送到最底下的田里，剩余的水再排进河溪。

❷ 水量的分配及沟长制度

为使每村每户都能合理分配到水资源，哈尼族发明了独特的水量分配方式，即"分水木刻""分水石刻"和"沟口分配"。具体方法是：根据灌区面积和沟水流量，按沟渠流经的先后顺序，在沟分界处放置一横木或石头，或留一个小水口，按每一片梯田的实际需水量进行分水，这种简便易行的分水方法就是所谓的"分水木刻""分水石刻"和"沟口分配"。这种水量分配方式既可使高山梯田水量适度，又能保证低山稻田的灌溉，开拓了山区水利灌溉之先河。

水量分配的实施者是沟长，沟长的首要工作是进行赶沟（即疏通水沟），其次是分配水量和调解水资源利用纠纷。因沟长为水沟管理付出了一定的劳动力，用水沟水源进行梯田灌溉者必须向他缴纳"沟谷"。一般来说，用水沟中的一口水（可以灌溉2~3亩梯田）就必须交纳一斗沟谷（1.4~1.5千克）给沟长。每年所收沟谷由管理水沟的人平分，作为一年工作的劳动所获。

分水木刻、分水石刻与沟口分配
（左、右、上：段心明/摄　左下：李昆/摄　右下：张红榛/摄）

在新街镇全福庄村就有一块巨大的"分水石"。据村里哈尼人的家谱记载，这块分水石到现在已有1 100多年的历史。分水石由"分水木刻"演变而来，上有两个凹槽，宽一点的是流向全福庄的，因为当年挖水沟的时候全福庄投入的劳动量最大，全福庄的田也最多；窄一点的是流向箐口村的，因为他们村投入的劳动力相对较少，田也少些。

腊姑村的沟长李贵仁的经历，诠释了"沟长制度"的涵义。45岁的他，当沟长已有整整8年。沟长每年由村民选任，自己不愿意干可另选，村民不满意也可以换人。因为梯田几乎一年四季不能停水，李贵仁几乎每天都要将他负责的8千

米水沟来回查看两趟，农忙栽种季节更要多加注意。他负责的沟是村里最大最长的一条，沿沟一共涉及58家人的田。他必须熟悉每家每户的田况，按传统的木刻分水规矩，公平合理地给每家每户分水放水。他平时的主要工作就是疏浚沟渠，保证水流通畅，控制水量，防止有人偷水。遇上大的坍塌，每家都会出人出力一起修复水利系统。

村里大的分水木刻有4个，是当年李贵仁的祖上始创的，其他小的分水木刻就不计其数了。当初开田时，由村寨里德高望重的老人根据各家梯田的用水量而定下的尺度，木刻一定要公平、精准，从大沟到小渠，逐渐分下去，制定后一般不需要调整改变，一直沿袭过去的规矩。分水木刻大多用多年生长的黑心树作材料。这种木材质地坚硬、耐水，在水里越泡越硬，可以使用很长时间。分水木刻至少有两个口，多的有十几个口。刻口的深浅一般是确定的，宽窄完全以各家梯田的需水量来定。发明和使用分水木刻，无疑是哈尼族和谐平等观念的典型体现，而沟长就是这一传统的传人和维护者。

❸ 水资源利用

哈尼族的水利工程使高山之水穿过村寨进入梯田，完美体现了人与自然的和谐统一。哈尼族利用沟渠流经村寨的有利条件，充分利用水资源，在各家各户的下方建起了水碓、水碓、水磨等生活设施。他们用水碓除去稻壳，用水碓磨面，用水磨舂米，进而加工成各种可口的食品。对水碓、水磨、水碓的使用是哈尼族智慧的结晶，同时也是合理利用自然资源的重要体现。

在对水能的利用上，最别出心裁的是梯田农业的独特施肥方法——冲肥。冲肥有两种：一是冲村寨肥塘。在哈尼族各村寨，村中都有一个大水塘，平时家禽牲畜粪便、垃圾灶灰集积于此。栽秧时节，人们开动山水，搅拌肥塘，乌黑恶臭的肥水顺沟冲下流入梯田。另外，如果某家要单独冲肥，只需要通知别家关闭水口，就可让肥水单独冲入自家田中。

二是冲山水肥。每年雨季初临，正是稻谷拔节抽穗之时，在高山森林中积蓄、沤发了一年的枯叶、牛马动物粪便顺山而下，流入山腰水沟。这时，正是梯

水碾、水磨、水碓（左：段心明/摄　右：张洪康/摄）

田需要追肥的时候。届时，村村寨寨的男女老少一起出动，称为"赶沟"。这种施肥方式为云南亚热带哀牢山区哈尼族梯田农业生态文化所独有，是别出心裁的独特创造，是梯田水资源管理和利用的特技，是哈尼族高山农业生产经验的集中体现。

（三） 有条不紊的耕作程序

梯田稻作农业是哈尼人的自然生态和文化生态的重要组成部分，哈尼人一代又一代地在大山的脉络里开垦、耕作，在漫长的历史中积淀出一套细致而顺其自然的耕作方式。远的不说，近千年来的哈尼族史就是梯田耕耘史。大山的阻隔，长期的农事生产活动，让哈尼人在农耕活动中形成了独具民族特色的农耕习俗，也总结出了较为完整的农事生产经验。

哈尼族重要节日及其梯田农耕程序

节日名称		日期	历时	历法意义	梯田农耕程序
哈尼语	汉语				
扎勒特	十月年	阴历十月第一轮属龙日起	5天	秋季转入冬季	梯田庆丰，冬闲养田阶段
昂玛突	祭寨神	阴历二月第一轮属龙日或属蛇日起	3天	冬季转入春季	冬闲季节的结束和春耕季节的开始
康俄波	开秧门	阴历三月中下旬的属龙属蛇日	1天		栽插节令
莫昂纳	关秧门	一般在农历四月举行，具体日期各地哈尼族有异	1天	春季转入夏季	栽插季令的结束，开始进入夏季的梯田管理
矻扎扎	六月节	农历六月举行，各地哈尼族选择的吉日各异	13天	标志盛夏	沿袭古规、预祝稻谷丰收、进入中耕和秋收前的准备阶段
车拾扎	尝新谷	农历七月第二轮属龙日或八月第一轮属龙日	1天	夏季转入秋季	秋收大忙的开始

梯田稻作与平原稻作有所不同，经过千百年的实践探索，哈尼人形成了一套和梯田有关的农事历法。他们按照自然天象物候的不同变化来安排各种农事

活动。这种也被称为"物候历"的历法把一年分为三个季节："丛塔"，即冷季，约从农历11月到次年2月；"窝夺"，即暖季，约从农历3月到6月；"热翁"，即雨季，约从农历7月到10月。"物候历"中，三季的各日以十二生肖命名，推算方法与农历吻合。但哈尼人对于节气的概念不甚明确，他们主要以观察树木发芽开花、动物的离去和回归，聆听蝉鸣和乌鸦叫声的消匿这些物候现象来判断季节的变化。

农耕景象（李昆/摄）

春牛犁地（张红榛/提供）

❶ 选种育秧

　　早春的哈尼山区气温较低，育种不易，而以农耕为生的哈尼人对选种、育种、播植又都十分精细。他们往往早在秋收之前，就以块选或穗选的方式，选取梯田中长势良好、无病虫害、穗长粒大而多的稻谷作为籽种。块选，即观察农田中稻谷的长势、颗粒多少、饱满程度，哪一块好就留作种子；穗选，即在田里看到哪一穗好就选留作种。收取谷种是在稻谷长到九成熟时，过熟的种成活率不高，过生的则不易保存，成活率也低。哈尼族不仅精心选种，而且曾经培育过数百种稻谷品种。

　　每到撒秧季节，哈尼人将谷种浸泡于水中，过一昼夜捞出盛入箩筐中，用捂殃叶覆盖置于阳光下加温，促其发芽，每天翻弄喷洒一次水，五六天后，便可撒进整好的秧田中。为防止霜冻和保温，现多在地上覆盖塑料薄膜。对小秧的管理更为精细，秧苗未长出双叶时，每天清晨都要撤出秧田水晒苗，催施温性肥，夜

晚进水保苗，待秧苗长到20厘米左右再移栽到梯田里。正是有了这样细心的呵护，小小的秧苗才能安然地生长。

在培育秧苗的同时，对于大地的慰劳也是不可或缺的。在撒秧之前，田地必须被施足底肥，仔细的犁耕，使秧田中的泥巴成为稀泥。这之后，哈尼人放水，赶平泥巴，将田地中的杂物清理干净，然后插上撒种的标志——蒿杆。撒秧的日子里，哈尼人背着箩筐，在山坡上忙碌，同样忙碌的还有那些拉犁的牛。这些幼小的秧苗，日渐长大，直到秧苗发绿，放水进田，那一幅我们熟悉的水墨也才刚刚起笔。

❷ 栽秧

春光明媚的3月，树木新绿，布谷鸟的叫声开始在山谷回响。山间的村寨与刚刚苏醒的大地相映生辉。优美的哈尼山歌唱着他们的期待："长大了的秧姑娘，用棕叶扎着头发要出家啦，收拾干净了的梯田要娶媳妇了。"而哈尼人要开秧门了。这是一个欢乐的节日，也是一年农事活动开始的仪式。这个哈尼语称为"康俄泼"的仪式并没有特定的日子。哈尼人一般会在避开自家生日属相的吉日，染黄糯米饭，煮红蛋，寄托丰收的希望。开秧门的时节里，哈尼山乡充溢着欢乐，姑娘们穿着节日的新衣，在田间穿梭。头一把秧苗一般由家庭主妇们来栽种，她们边插秧边唱着祝福的歌儿：

天门开了，

地门开了，

河坝的傣家开秧门了，

大地方的汉族开秧门了，

阳春三月里，

不开的门没有了。

栽秧的不怕手指痛，

栽秧的不怕腰杆酸，

栽秧速度似鸟飞，

太阳不落就收工……

　　主妇栽下第一把秧后，就往田脚方向跑，跑得越快越好。其中还夹杂着大家嬉笑不断的泥巴仗。人们试图加快她奔跑的速度，因为人们认为开秧门的人跑得越快栽秧的进度就越快，农时方能不误。这之后，人们才开始忙碌地栽秧。

哈尼妇女在插秧（张红榛/提供）

　　哈尼族的栽秧及其所讲究的株距，是根据哀牢山不同的气候带和梯田生态不同的需求而决定的，具有相当高的科学性。栽秧株距的确定，是与梯田这一农业特殊的形式、耕种的过程，以及施肥特点密切相关的。由于山高谷深，梯田上下不一，又使用冲肥，且田水长流，肥料便较多地积于低山梯田中。再由于气候不同，高层梯田为了保温保埂，常年泡田，而低层梯田较热，秋收后要放干晒田增加地力，于是低山梯田肥于高山梯田。根据这一特点，为确保产量，高山梯田采用密植，每亩需插7.5千克左右谷种的秧，株距3至4寸；低山梯田株距较稀，达4至5寸，每亩需4.5千克左右谷种的秧。秧栽完后，从山脚到山顶，层层梯田株距不同，有的密有的疏，表面看来毫无规矩，全无讲究，实际上正展现了立体气候条件下梯田农业

插秧讲究株距（张洪康/提供）

春播（戴云良/摄）

生态特有的规矩和讲究，展现了哈尼族长期对自然环境认识和梯田农业实践中积累的大智慧。

❸ 中耕

　　农历五月的关秧门，宣告栽秧农忙彻底结束，标志着季节由春入夏，梯田农耕进入夏季管理的中耕程序。梯田的中耕管理是比较复杂的。一般栽秧之后，要薅三次草。人们在把杂草拔起来后，将之裹成团用脚踩到泥里，让其腐烂成肥料。在水稻大量分蘖之后要施一次绿肥。铲埂草也是梯田中耕管理必需的劳动。梗墙上的杂草不铲下来，会使得鸟雀做窝，老鼠出没，导致通风不足，严重影响稻谷生长和灌溉。

《《绿肥》》

　　绿肥是以各种植物，包括其他地方不用的紫茎泽兰或飞机草，加入蒿类后泡入水塘、腐烂发酵制成的。蒿类植物其性苦辣，既可肥田，又能杀虫防虫。在栽插水稻之前和收割之后，哈尼人把梯田田埂清理干净，并把田泥糊在田埂上，一方面可为梯田增加肥料，另一方面可杜绝田鼠等动物的破坏，增加梯田的保水性。

埂脚不光好好砍光，

埂子不齐好好挖齐；

铲埂脚要铲死莫牛草，

砍埂子要砍死伊萨草全根。

铲埂别怕铲死曲蟮，

破埂别怕砍死土狗，

铲断曲蟮没关系，

砍断土狗脑袋不要紧。

选自《哈尼族四季生产调》

④ 护秋

七月中旬，哈尼梯田进入了护秋的阶段。从稻谷抽穗和旱地作物即将成熟开始，护秋成为哈尼人的一项重要工作。护秋的内容主要是对梯田的保护和稻谷的保护。对梯田的保护在日常养护的基础上，需要在雨季时，用竹制的"田坡防护网"加固田埂，防止山洪冲毁梯田。对稻谷的保护，则主要是有效地防止野生动物糟踏庄稼。哈尼人的保护措施也是灵活多样的：有的是在田边地角盖小窝棚，不分昼夜地守护着，或敲击竹板，或吹奏牛角号，或在田间插起稻草人；有的则在山泉溪上设置竹木制作的简易水车，利用水冲击发出的刺耳的响声惊吓野生动物，确保粮食丰收。

⑤ 收割

九月，梯田转色为一片金黄，进入收获的季节，田间迎来了又一番的忙碌。在开镰收割之前，哈尼人用树叶包一小包饭，把它绑在田边的稻子上，并留下这几棵稻子不割，任其脱粒倒伏。这叫"含艳帕"，具有省俭、丰产之意。动手收割第一把稻子时，或是抱起谷把第一次往谷船里掼谷子时，人们都要喊一声"救啦！哎！"意思是"堆起来啦"，寓意吃不尽、用不完。

怀揣美好的愿望，一家人各有分工，全力地投入了秋收。妇女在前开镰割谷，男子随后用掼盆掼谷，用打谷船脱穗，晚上收工时再一起搬运谷子回家。在收割活动中，哈尼人根据"海拔气候条件不同，不同稻谷成熟时间不同"的特点，合理分配劳力。村民们自觉以集体为单位，共同劳作，从低地开始，逐步向高坡收割。人们在收割过程中，利用"打谷船"等特殊工具在稻田内完成打谷、脱粒等粗加工，既节省运输劳力，又能保证充分利用稻米的谷芒、谷壳给土地施肥养护。

金黄的谷穗（李静/摄）

打谷船

满地秋硕　　　　　　　　　　　丰收景象

（张洪康/提供）

　　整个梯田，原本像一块完整的黄色布面，镰刀和谷船走过后，一丘丘的田，只留下一丛丛的稻茬，齐齐地向天张开着嘴，仿佛在诉说着丰收的快慰。当谷船的歌声落下尾声的时候，田头老水牛不经意的那声长哞，就叫出来了锄头和犁铧。一曲高潮落幕，新的一轮表演即将开始。

　　这样一个重视农耕的民族，秋收对他们而言不仅仅是简单的物质收获，也是精神上的收获。在一年的辛勤劳动之后，那些稻米就是对他们最大的安慰，那是大地赐予他们的礼物，是祖先赐予他们的礼物，更是村寨中互助的亲友们赠与他们的礼物。一年四季，在晨露与余晖中辛勤劳作的哈尼人，用他们爽朗的笑容为家乡的山河添彩，绘制了动人的锦绣。哈尼人开垦了大地，创造了哈尼梯田的神奇；而梯田回报给他们的是生态的和谐、生活的保障、精神的富足，还有扎根在人们心中的安宁。

金黄的大地（杨增辉/摄）

《《永不过时的生产工具》》

"要汉族造的犁铧，要普拉人造的犁耳，要株栗树砍成的犁底，要麻栗树砍成的犁帮，要栗树砍成的牛角子，要大株栗树砍成的犁箭，要追迫树砍伐的犁木板。要砍黄栗树干做牛耙柱，要削黄竹尖尖做耙齿，要破黄竹片片做耙连杆，要砍黄竹竿做耙扶手。"——摘自《哈尼四季生产调》

梯田，是哈尼人展现生活、演绎人生的主要舞台，而表演所必需的道具——劳动工具，是为开垦梯田而创造的，与梯田同时产生，甚至更早。它们结构简单，造价低廉，但却与哈尼人朝夕相伴，是四季梯田稻作农耕不可或缺的助手。千余年的梯田耕耘史，哈尼人的这些几近原始的生产工具，几乎没有发生过多大的变化。

在哈尼族梯田农耕活动中，已普遍使用的有犁、耙、锄、斧、砍刀、弯刀、锯镰、镰刀、铁锤、铁撬杆、括板、谷船、麻袋、背篓等生产工具。锄头在哈尼族农耕活动中发挥着重要作用，挖田、挖地均需要锄头。哈尼人家每个劳动力都有一把锄头，锄为铁，把为木。在梯田耕作中被普遍使用的有板锄和条锄，板锄分四角形和三角形，锄刃有月牙形、齐日形。月牙形锄头在挖田、打埂等用，齐口形板锄用于铲埂壁、埂脚及挖田台地川，条锄用于新垦梯田和开水沟田。

此外，剟铲用于铲除埂壁杂草；麻袋用于搬运谷物；铁锤、铁撬杆用于开垦新田及修水沟。还有尖刀、斧子、镇、刨钢、铁锹、十字镐、木刮板、竹刮板、竹背篓、藤蔑背篓、水车、风车等，均是哈尼族梯田农业生产中离不开的重要器具。哈尼梯田为山地稻作农耕，山高坡陡，道路崎岖，有诸多限制，故农具多有短小、精悍、简洁的特点。

犁（袁正/摄）

来源：《话说红河·哈尼梯田》

（四）　牛铃声声，默默耕耘

　　牛，对于梯田稻作农耕文明而言，是值得浓墨重彩的一笔。哈尼族的史诗中说，在漫长的迁徙途中，哈尼人数次迷路陷入困境，是牛帮助他们找到了出口、脱离了险境。那牛角上一道道的纹路，据说就是哈尼人经历的一次次苦难的记录。在哈尼人的心目中，牛虽然不会说话，但是能听懂人话。千余年的相伴，它已然成为哈尼人最亲密的伙伴、劳动的图腾。

亲密伙伴（张红榛/提供）

哈尼人建盖干栏式的房屋，也包含安置牛儿的考虑。牛和人同住一屋，牛住底层，人住上层，夜间照看牛会比较方便。没有这个条件的，也要千方百计在自家住房的一侧，近距离地盖间牛棚。在有的人家，可能人都不会有自己单独的房间，但是牛是不能露天生活的。不管以什么方式，哈尼人都要给牛布置一个单独的空间。冬天，气温很低的时候，怕牛冻着，哈尼人就在牛圈旁烧堆火，给牛取暖，或者把牛牵进屋里，和人共同享用一座火塘，甚至把家里人都舍不得盖的毡子，披在牛的身上，为其保暖。

每年五月莫昂纳节（关秧门），在祭献劳动工具的仪式上，牛作为梯田劳作最主要的得力助手，被主人单独敬献，喂肉喂糯米饭，获得特殊的优待。这期间，有条件的人家，还要用一双公母配对的鸡，炒上香喷喷的干黄豆，给牛叫魂，其他任何牲畜都享受不到这种礼遇。莫昂纳节后，牛儿们被一群群地放到山上"度假"。人们十天半月上回山，查看牛的情况。为了寻找方便，人们给头牛带上铃铛。叮当叮当的牛铃声，在山林间到处敲打，这是牛最悠闲的时光。秋收结束，要犁第一道田时，牛就要开始新一轮的耕耘了。

哈尼人最高级别的葬礼，就是牛葬，少则两条，多则七八条。作为梯田稻作农耕的象征，殉葬的牛越多，越标志着劳动量大，田多谷多福气多。否则，身边没有一条牛，人单影孤地到了阴间，田无一丘，地无一块，别说无颜去见先人，做鬼也是一个没有根基的穷鬼。

千余年的时光，牛走过的路程，其实就是梯田稻作农耕所经历的过程。如果没有牛一路的陪伴，不知道是否还有今天蔚为壮观的梯田。牛铃声声，声声敲打在哈尼人的心坎上。在哈尼人的心目中，只要梯田还在，劳动的舞台上就少不了牛的身影；只要梯田还在，牛永远是哈尼人的心中宝、命中根。

千年共行（闵庆文/提供）

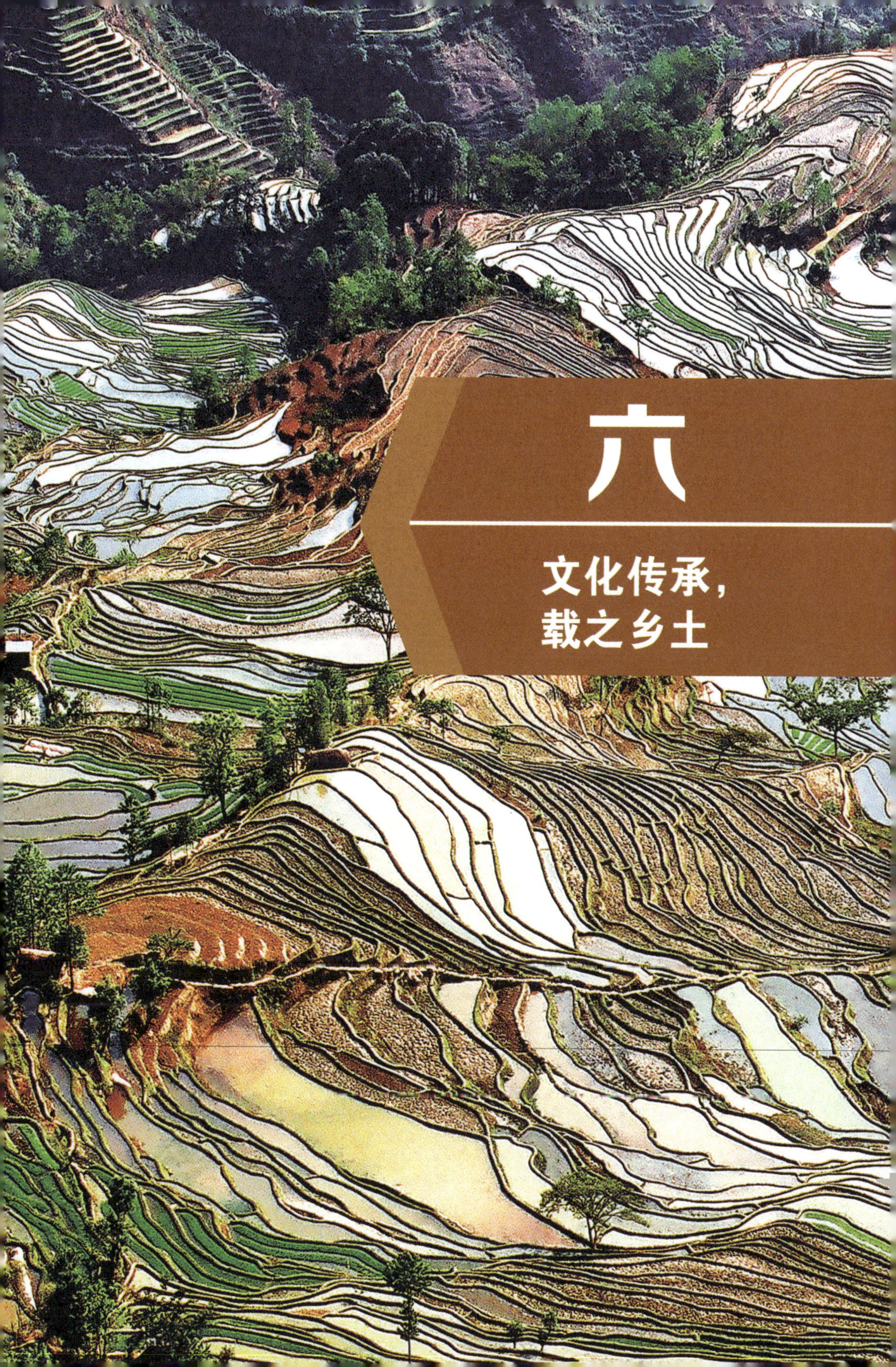

六

文化传承，载之乡土

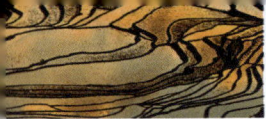

哈尼族坚信万物有灵。他们把所有的希望与追求依托给了神灵，用无数的祈祷与供奉，虔诚地归顺于鬼神。他们觉得这是生活的必需，也是生命的一部分。

哈尼族的农耕技术、宗教习俗、乡规民约、民居建筑、节日庆典、服饰歌舞、文学艺术，无不以梯田为核心，处处渗透出梯田文化的精神，为梯田文化所统系。梯田文化更体现在哈尼族每年以农耕为中心的三大节日之中。

金秋时节的"十月节"，哈尼人民庆祝梯田丰收，感激天地，祈祷来年子嗣安康，人畜兴旺，新的一年开始。

哈尼族有一套完整的梯田祭，按农耕的程序分别有捂秧祭、撒秧祭、祭秧魂、祭水口、祭布谷、载秧祭、蓐秧祭、祭田埂、牛休息、祭谷船、新谷祭、祭金谷娘、祭路魂、祭谷仓神。从社会功能角度来说，这些活动确保了稻作农耕的绵延传承。春天来临的时候，哈尼人民隆重庆祝祭寨神"昂玛突"的节日，举行农耕仪式，以村寨为单位祭拜天地、自然神、在街心摆起长街宴，吃团结饭，喝同心酒，祈求天地赐福百姓，一年一度的农耕活动由此拉开序幕。

哈尼人以无穷之力创造了雄伟壮丽的梯田，犹如在浩瀚的群山塑造了一座座巨大的偶像。尽管哈尼族一直没有形成一神独尊的宗教观念，也没有专门的偶像崇拜，但是，对于梯田这个"偶像"，哈尼族真是倾注了全身心力，他们把一生的劳作和汗水全部奉献给了它，同时把心灵中的美好愿望也全部依托给了它。于是梯田成了人神交流的圣坛、哈尼族虔诚信仰的皈依之处。

在哈尼族的传统观念中，世间万物都有生命，世间万物都有神性，它们影响甚至支配着人的生活，于是哈尼族产生了坚定的万物有灵信仰。就这样，他们把所有的希望与追求依托给了神灵，用无数次的祈祷与供奉，虔诚地归顺于鬼神，他们觉得这是生活的必需，甚至已经上升为生命的一部分。所有的"牺牲"都毫无怨言，也许也正是这种无私与虔诚才让哈尼人得到了今天的和平与兴盛。

田边碰鼓（张红榛/提供）

（一） 民俗节庆

　　节日是哈尼族人与人、人与自然情感交流的主要场所，是哈尼人重要的精神依托和民族性的体现。哈尼族主要节日包括扎勒特（十月年）、昂玛突（祭寨神）、康俄泼（开秧门）、莫昂那（关秧门）、矻扎扎（六月节）、车拾扎（尝新谷）等。这些节日均发生在农事活动的某个节点上，具有指导农事活动、祈祷和庆祝的意义。

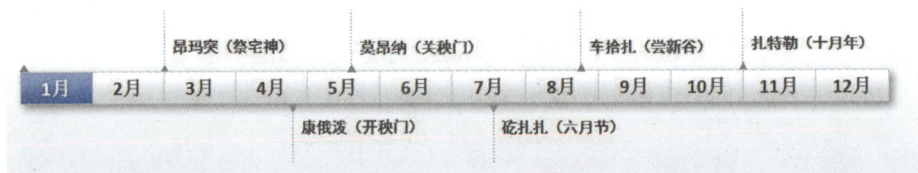

	昂玛突（祭宅神）		莫昂纳（关秧门）		车拾扎（尝新谷）		扎特勒（十月年）	
1月	2月	3月	4月	5月	6月	7月	8月	9月	10月	11月	12月
		康俄泼（开秧门）			矻扎扎（六月节）			

哈尼族主要节日（田密/提供）

❶ 辞旧迎新的十月年，哈尼语称"扎特勒"

　　阴历十月是哈尼族新年的开始，是他们最大的节日。这时秋收冬藏，成物伏蛰，秋收后家家粮食堆满仓，一派丰收喜庆的景象。劳累了一年的哈尼人，团聚在一起养精蓄锐地去迎接另一个新年。新旧年之间没有具体固定的时间界限，而是采用古老的地支计时形式，将每年的农历十月间的第一个属龙日定为新年的开始。按照哈尼人的传统习惯，节日期间必须

欢聚庆新年（李静/提供）

十月年的节日活动（刘建华/摄）

杀猪、鸡、鸭，舂糯米粑粑，做糯米汤团，以此送旧岁、迎新年、祭祖先等。新年当天，全寨要共同杀一头猪，这头猪被称为"生轰"，大意为"共同分的"。这"生轰"猪无论大小，必须按全寨户头平均分配。而且猪身上的肝、肠、肚、心、肺等，哪怕只能分一点，也要家家都分到。其目的在于全寨各户，用同一头猪的肉，各家分别祭祀自己的祖先。第二天凌晨，人们鸣火枪迎接新年的到来。节日一般为期6天左右。节日期间，男女老少身着新装，走亲串寨，宴请亲朋好友，共叙友情，互通信息。青年男女相邀一起，对唱情歌，通宵达旦。节日里，哈尼山寨处处欢歌笑语，喜气洋洋。

祭祀活动，是哈尼族"扎勒特"的重要内容之一。节日之前，各家按自己家庭的传统，开始进行各种祭祀活动。首先要在大门外或在天井里杀鸡祭献，目的是供奉那些死于异地他乡的家里人或村里人。哈尼人认为过年的时候他们都会回家的，但他们的冤魂不能进家门，因此必须在门外敬奉他们。

❷ 祈求丰收的六月年

祈求丰收的六月年，哈尼语称"矻扎扎"，是哈尼族的重要节日，也是与农业生产密切相关的祭祀活动，一般在开秧门后的第3个属羊日举行。当繁忙的春耕结束，进入盛夏农闲时节，哈尼人为了预祝五谷丰登，举行隆重的节日。

节日前几天，每家都要从秧田拔回一撮秧苗，插进竹筒里挂在寨内，祈求天神保佑稻谷丰登。节日期间，人们聚在一起荡秋千、打磨秋，载歌载舞。青年男女还进行各种象征性的化妆表演，组成一支英武奇妙的队伍，沿着传统的串寨路线，去寻觅、去宣泄人生的幸福与欢悦，在整个哈尼山区进行着一场狂欢活动。

打磨秋（张洪康/提供）

❸ 隆重神圣的祭寨神，哈尼语为"昂玛突"

"昂玛"是哈尼村寨的最高保护神，它保佑村寨五谷丰登、人畜兴旺。祭寨神是哈尼族一年中最隆重的、全寨最大的祭祀活动，这个节日一般在农历十一月的属龙或属牛日举行。当天中午，人们要到寨神林举行祭祀仪式，并将牲肉分给各户，认为其能消灾避难。部分地区的哈尼人，第二天要举行盛大隆重的"街心宴"

祭寨神（金保明/摄）

招待亲朋好友。其间老人们吟唱"哈巴"，传颂哈尼的历史与文化。身着节日盛装的姑娘们则踩着鼓点翩翩起舞，舞姿古朴优美，为节日增添了喜庆的气氛。

❹ 春天的仪式开秧门，哈尼语为"康俄泼"

开秧门的日子，乡亲们会穿着传统哈尼服饰陆续走过田埂，大家聚集在寨神林周围吹拉弹唱，载歌载舞。在高声吆喝或枪炮鸣放的同时，男人把身上的秧坨坨甩进田里，女人们纷纷下田，开始栽秧。人们出门劳作，一般会穿

撼天鼓（张红榛/提供）

旧衣服去,而哈尼族有些地区的插秧却独有风趣,姑娘们去插秧时都会找出自己最新最好的衣服穿上,还要打扮得漂漂亮亮。

开秧门要先栽下三株秧苗,"最先栽下一株苗,祝愿秧苗长得齐整;最早栽下一棵秧,祝愿稻谷糯谷都齐全。中间插下一株苗,祝愿家人健康不患病;中间栽下一棵秧,祝愿男女齐全能成双。最末栽下一株苗,祝愿六畜兴旺;最后栽下一棵秧,祝愿家畜公母齐全配成双。"栽过这三棵秧,开秧门的内容就全部结束了。

精心耕作(梁荣生/摄)

（二）　蘑菇朵朵

蘑菇房（杨咪双/摄）

"蘑菇"成片（张洪康/提供）

惹罗高山红红绿绿，

大地蘑菇遍地生长，

小小蘑菇不怕风雨，

美丽的样子叫人难忘，

比着样子盖起蘑菇房，

直到今天它还遍布哈尼家乡……

——出自《哈尼阿培聪坡坡》

　　进入哀牢山南麓，远远地你会看到一朵蘑菇，又看到一朵蘑菇，竟是一窝蘑菇，原来是哈尼人的寨子到了。

哈尼村寨中这种依坡而建、错落有致的土坯茅草民居，就是哈尼人的"蘑菇房"。这种土木结构的民居建筑，屋顶有四斜面草顶和四斜面草顶与土平面顶相结合两种形式，屋前用石头砌矮墙或者用地形的自然高差维合成院。

因处于云南亚热带山区，湿度较大，地气浓重，蘑菇房分为三层。一层多是动物们的家，同时存放农具。第一层与第二层间以石阶或木梯连接，

蘑菇房近景（田密/摄）

作上下之用，有的石阶或木梯建于屋外，有的则建于屋内。二层住人，在房屋左侧用木板隔开作为卧室，右侧是土灶。作为家庭活动中心的火塘，设在房间的中心。三层由阁楼和晒台两部分组成，阁楼部分约占总面积的2/3，用来存放粮食，剩下的1/3则是晒台，用来晾晒粮食、衣物，也是哈尼族聊天、家庭活动的场所。阁楼上方被草顶覆盖，草顶通往晒台的一侧会设有一扇门，方便人进出晒台，当地居民每隔一两年就要更换一次草顶。晒台一般朝东，便于阳光照射。此外，哈尼人还会给日渐长大的儿女建耳房，以方便他们交友、约会。

哈尼住宅的建筑材料都采自当地，用来砌墙体的土坯，用于构筑首层和垒猪圈用的石头，都是从山上采来的，沙子则采用"冲沙"的方式从山上运回寨子。另外，哈尼住宅为木构架承重，其原料多来自村民自己种植的树木。住宅所使用的木材，大都为当地常见的五眼果树。

晒台（杨增辉/摄）

建蘑菇房前，哈尼人需算一卦，看新址的好坏。先在选好的房址中间铲出一尺见方的平地，将鸡骨埋在土里，并将三只贝壳横排一行，九粒谷子三粒一行摆好，然后用大土碗将其全部扣住，由莫批进行祈祷。七天或九天后，家长揭碗观看，贝壳直立不倒，谷粒发芽，鸡骨不变黑，这里便是好的宅基地。地基选定后，家中的老祖母要用丝线量其方圆，然后才能动工。在工程的最后环节时使用的覆盖在蘑菇房顶上的茅草，第一把也要由老祖母来割，这样神灵才能保佑新居。之后，七八位妇女站在长梯上，有往上递草的，有给屋顶上苫草的，欢声笑语，鸡走狗窜，在外人看来，她们更像是在做一个大游戏。

蘑菇房承载着哈尼人的一生，悲欢离合，生老病死，都和亲亲的蘑菇房联在一起——外人看来，还是美好的景致。那用竹、稻草和土坯围成的蘑菇房，是群山之中最精巧的雕琢。每当初春时节，哈尼村寨在春风的轻拂之下慢慢苏醒，森林变得葱翠，梯田中水波盈盈，那翠竹掩映中的蘑菇房宛如江南水乡中一只小小的船，在高原上飘摇出一支短笛的悠唱。

（三） 穿戴神话

　　"出于羞耻感而遮体"，哈尼族的古歌祭词向我们展示了衣饰起源于遮身的树叶以及制作服饰的种棉、收棉、晒棉、弹棉、纺线、纺纱、米浆煮纱、织布、染布，终至缝制夹层衣、宽裤脚、厚衣裳、黑包头、护腿、布鞋等的过程，以及给死者缝制缎子寿衣的全过程，这同时也是今天哈尼人制衣的工序。

哈尼服饰（张红榛/提供）

服饰是人类特有的文化遗产结晶，是民族历史的活化石。那些色彩斑斓的服饰无不显示着丰富的个性和迷人的色彩，同时也以自己独特的方式展示着本民族的历史文化。人们用一针一线绣出了不用文字记述的神话，再把这些神话故事变成一部部象形文字的"符号史"记在身上。哈尼人就是用这种精美的工艺，记载了民族千年的发展历史，体现了人类的勤劳和智慧，寄托了人们美好的愿望。在每一幅图案和每一种佩饰的背后，都是一个个鲜活而神奇的故事。所以说，哈尼人穿在身上的是一幅幅精美的古老文化艺术，戴在身上的是一个个传奇和神话故事。

服饰来源于自给自足的梯田农耕经济，哈尼人的棉花栽种、纺织、靛染、剪裁以至服饰的礼仪和审美意识，无一不留下了梯田烙印。男耕女织是哈尼族社会性别的主要分工，"男人犁田不能晚于十月末，女人织布不要迟于正月末"的谚语是哈尼族对梯田农耕和纺织程序的经验总结。纺织是哈尼族传统手工业的主要生产方式，完全由妇女承担，故哈尼族少女从小就得跟着母亲学习种棉、收棉、晒棉、轧棉花、搓棉条、捻线、纺纱、绕线、煮线、上浆、漂洗、缠线架、排经纬网、织布、染布等一系列传统纺织技术工序，这也是她们世代传承的传统技艺。因此，纺织和制衣的能力也成为衡量哈尼族女子心灵手巧和治家本领的重要尺度，好的衣物也成了对制作者身价的一种体现，故哈尼族有"不会织布就当不了真女子"的说法。

纺织（张洪康/提供）

结了棉桃采棉花，

先结的三个果，

头开的三朵花，

走在相遇的岔路口，

在两路相汇的接头处，

挂上最先结的又大又白的好棉花。

收完棉，晒棉花；

晒完棉，选棉花；

选完棉，轧棉花。

用麻栗树砍的轧花机，

轧完花，弹棉花。

砍下黄竹做弹棉弓，

削下金竹制弹弓弦，

砍来苦竹削棉条棍。

弹完棉，搓棉花，

搓完棉，要纺线，

用黄栗树斗的纺车，

纺完线，绕成团。

十个妇女理一织机线，

没有理不顺的哈尼乱线；

十个男人办事一条心，

没有办不成的哈尼事。

要用细细尖尖的豪猪刺，

理顺织机乱线，

往下拨开，

向上挑顺。

理完线，可织布，

织布梭子横飞在舞蹈，

织女横坐织机好似木马，

下方脚踏机板就像木桥晃，

上方七百阿鲁古然在欢跳。

织好布，要染布，

黑糊糊染缸底就像乌鸦翅膀，

缸里淀水上下翻滚，

好似乌鸦振翅往上飞。

染完布，要裁衣，

裁好衣，缝衣裳，

用一小包针，

用一大支丝线，

缝出合身好瞧的衣裳。

我有了做活换穿的衣裳，

去找祖辈做活的足迹，

去祖宗开垦的祖田那方，

去寻祖先开过的小丘秧田。

来源：选自《哈尼族四季生产调解读》

哈尼族生活的哀牢山区，山高谷深，交通闭塞，形成大聚居、小分散的居住格局。由于生存条件的差异性和封闭性，以保暖为功能的衣着也分化成了适应不同地理环境的服饰类型，这也是哈尼族服装款式多姿多彩的主要原因。每一个支系都有自己的一种衣着类型，也意味着一定地域的同一支系形成了统一的审美意识，充分体现了自然地理环境对其覆盖区域服饰类型的影响及哈尼人以自然山川为主体的审美意识。同时，就一个地域的一个支系而言，儿童、青少年、成年人、老年人的男女服装式样也有不同，普通族人和宗教祭司又相互区别，不同的服装可分为礼服、节日盛装、日常家居服装、劳动便装等。它们既体现了哈尼族传统服饰不同的社会角色，又反映出不同人群、不同生活需要的不同文化意蕴。

哈尼族支系繁多，不同支系的差别也体现在不同的服装款式上，这就构成了绚丽多姿的服饰文化。但哈尼族服装总的特征是以黑色

各色服饰（杨增辉/摄）

为基调，无论男女老少均以穿黑色或青蓝色为主，同时以蓝、绿、灰色布料作装饰，再配以红、黄、蓝、绿、白、紫色的棉线或丝线绣花作点缀。全体男子只有一种款式，女子服装在不同的年龄段有不同的款式，它也是女子人生角色转换的标志。在氐羌族群彝语支民族中的彝、纳西、拉祜等民族中，黑色具有尊贵、高雅、正统的含义。哈尼族作为彝语支民族的一员，同样也崇尚黑色。他们以黑色为美、为庄重、为圣洁，将黑色视为吉祥色、生命色和保护色。

从哈尼族的生命循环轮回观来看，哈尼族尚黑取决于其生存的自然地理环境和梯田农耕的社会经济环境。森林除直接提供给梯田命脉般的水源外，也给哈尼人提供了丰富的采集和狩猎资源，这使其成为哈尼人物质生产生活的依赖对象，因而与大山森林融为一体的黑色成为民族生命色，这是被称之为"自然之子"的哈尼人对其黑色生命力的诠释。黑色的夜空是博大而精深的，直到今天，在哈尼人的理念中，天和地是最大的概念，天为上界，地为下界，天地之间，日月之行，斗换星移，若出其中；星瀚灿烂，云变万千，若出其里。黑色是包容万物的色彩，

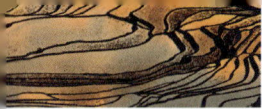

哈尼少女（张洪康/提供）

奕车少女（李坤/摄）

哈尼人的服饰以夜幕剪裁而成，它比任何一种颜色都能更好地包容斑斓躁动的色彩世界，使人的外在变得沉静稳重，这也是古老民族、山之骄子的性格写照。

在这个七彩斑斓的世界里，哈尼人认为唯有黑色才能表达和彰显神秘、高贵、圣洁的美感和个性。黑色的服饰能搭配出变化多端的艳丽色彩，能够衬托银光闪闪的日月星辰。因此，偏爱哈尼的天神在把夜幕扯下给人作衣装的同时，也

艳丽的服装1（田密/摄）

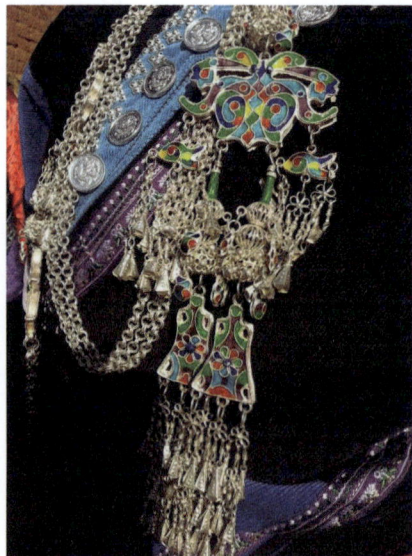

艳丽的服装2（田密/摄）

把宇宙间最有感情色彩的太阳、月亮、星星、彩虹的影子带下来给哈尼人装扮。也正是这些日月星辰的影子，震慑了鬼怪对哈尼人的作祟，保护了人间的安宁，给了哈尼人一个美丽的家园。因此，今天的哈尼人做衣服绣饰、佩戴饰物都要将这些元素表达出来：戴在胸前的银币象征日月，黑色底板上点点滴滴的银泡象征夜空中耀眼的繁星，服饰边沿的五彩绣饰象征天边的彩虹。

哈尼人从呱呱坠地的那一刻起，就得到了山神的呵护，一生都是在自然神灵的庇佑下快乐成长。在哈尼人眼中，自然界的日月星辰、山川河流、草木花卉都充满了神秘的智慧。把它们的影子戴在人时刻不离的服装上，是因为它们不仅仅是一些装扮漂亮的元素，更是天神赐予人类的福星，是祖祖辈辈该戴在身上驱邪除魔的护身符。因此，服饰上的每一幅精美图案，都再现着哈尼人对自己美好生活的描绘，凝聚着他们对自己民族历史文化的理解。虽然哈尼族历史上没有形成与自己语言相对应的传统文字，但是那一幅幅鲜活的刺绣图，就是最基本的文化表征，他们用这些极具意义的符号来表达对自然的崇拜。

（四） 天赐美食

茫茫大山和良好的气候，给哈尼族提供了多种多样的动植物资源。特殊的地理环境和悠久的文化传统，使哈尼人形成了极其特色的饮食文化。

❶ 传统饮品

哈尼族的饮料主要是酒和茶，酒包括哈尼闷锅酒、苞谷酒、荞子酒以及各种泡酒。闷锅酒、苞谷酒也就是"烧酒""白酒"，一般50度上下。哈尼人基本上很少喝啤酒，大概是觉得不过瘾。大凡哈尼男子，没有一个不喝酒的，且认为能喝酒才能干事、才是有能力之人。每逢

美酒迎客（梁荣生/摄）

节日，哈尼族村民喝酒敬酒，觥筹交错、推杯换盏之间，不觉时光已逝。更有甚者，从中午一直喝到晚上，还未歇杯。哈尼人又惯以热情好客出名，远方的客人来到哈尼村寨，哈尼人往往以酒相迎。当客人将大碗的苞谷酒一饮而尽之时，哈尼人也就从内心深处真正把你当作交心的朋友了。

哈尼人种茶的历史悠久，有的学者认为哈尼族是最先种茶的民族之一。茶的种类较多，常见的有喂酪茶、土锅茶、普洱茶、云针茶、南糯白毫、玛王银奎、绿王银毫、云雾茶、松林茶、香条茶等。从地域上来划分的话，西双版纳境内聚居的哈尼人饮用的多是享誉世界的各种普洱茶，而红河地区聚居的哈尼人饮用的

则多是各种各样的绿茶。在众多种类的茶中，煨酽茶（醋茶）极具特色，有其独特的煮茶方法：将茶叶放入土质陶罐于火上烘烤，闻见清香之时舀入山泉水，在火塘边持续煨煮，根据个人口味浓淡来决定煨煮时间，以煨煮至陶罐中的水剩将近一半时为最佳。煨酽茶水呈深黄色，味苦涩并有轻微烟味。这是哈尼人最古老的一种饮茶方式，一些地方的哈尼人生活中有"不可一日没有醋茶"之说。

哈尼香茶（张洪康/摄）

❷ 特色美食

哈尼族菜肴口味丰富，其中哈尼豆豉远近闻名。哈尼豆豉是以大豆或黄豆为主要原料，上锅蒸熟后，放进密闭容器内发酵再晒制而成的。俗话说："没有豆豉，不成蘸水""宁可三日不吃油，豆豉顿顿不能少""不吃豆豉，不会唱山歌"，可见哈尼人对豆豉的钟爱。

哈尼人吃饭时必须要配有一个盐碟，里面有盐巴、花椒粉、辣子，据说哈尼族男人吃饭不能少了这个盐碟。哈尼蘸水是富有民族特色的调味品，由盐巴、辣子、荽菜、芫荽、薄荷、花椒、小米辣、香柳、姜、葱、蒜、豆豉等本地佐料配制而成，少则几味，多则几十味，有的拌有鸡汤、鸡肝、鸡肠、鸡血。

在烹饪方式上，哈尼人则以水煮、炒和蒸为主。蔬菜多水煮，不加任何调料，即使是鸡鸭牛等肉类，也都直接大块煮熟再切碎片，然后再配蘸水吃。哈尼人认为肉类再鲜再嫩，若少了一碗蘸水，也会不香。哈尼人偶尔也有生吃的习惯，比如白旺就是用新鲜的猪血、羊血搅拌，加入水和调料压成板块而成的一道风味菜肴。

此外，家中来了客人时，饭菜会比较丰盛，哈尼人热情好客，往往要杀鸡杀鸭招待。但哈尼人一般不用独鸭招待，认为是不礼貌的表现，实在没有别的也要配一个鸡蛋。吃饭的时候要把鸡头鸡尾献给客人，斟酒也要从客人开始，斟满一

圈后再给第一个客人加上一点，以示尊敬并有从头到尾都欢迎之意。因此，哈尼人童谣唱道："客人不来菜不好""客人来了饭菜香"。

除了在家吃饭外，哈尼人还在梯田中进餐。哈尼族以山谷间千层的梯田著称于世，形成十分波澜壮阔的景色，哈尼人也因此被外人生动地称为"大山的雕刻家"。但同时，农耕非常不容易，有的梯田离家较远，步行需一个钟头左右。因此，哈尼人干活的时候，早上5点多就要起床准备早饭。哈尼人在梯田中搭起一个窝棚，供劳作休息以及下雨时使用，农作时中午一般不回家，早上会准备一个竹筒带饭盒，带一点酸菜、盐巴、辣子、豆豉伴着冷饭去吃。天气晴好之时，他们便把饭盒放于向阳之处，这样午餐会稍有一点热度，在山间田头吃起来倒还别有风味。但哈尼梯田地区天气变化频繁，如果遇到刮风下雨，恰好旁边又无窝棚，这餐饭就会吃得非常辛苦。也有些人劳作时就干脆不带午餐，每天仅食两餐。

❸ 节日饮食

哈尼族的日常饮食与宗教节日饮食有所不同，平时素菜较多，节庆以荤菜为主；平时食用粳米较多，节庆食用糯米较多。哈尼人认为糯米比较贵重一些，往往赠送亲友或代作巫师主持仪式的报酬，也多用于节日仪式等重要活动，比如祭祖时就必须用芭蕉叶裹着糯米汤圆和粑粑。

节庆时哈尼人还喜欢用野生植物叶子把糯米饭染成黄色、紫色，形成民族特色的黄花饭、紫花饭，色彩斑斓、气味浓郁、别有风味。

在婚宴上，菜为双份，必不可少的菜是泥鳅、魔芋、水芹菜、老鼠豆与山药。其中，泥鳅象征男子生殖能力，且被认为有补气壮阳之效。魔芋是女性生殖能力的象征，芹菜与"情菜"谐音。老鼠豆寓意

捣制糯米（袁正/摄）

多子多孙，而山药更被视作补益之宝。

至于葬礼上的饭菜，相对就比较粗糙，一般不相互敬酒，肉食比较大块且绝不吃白旺、生旺等带生血之物。总体上，只要有仪式，哈尼人都要宰鸡杀鸭，甚至杀猪杀牛，祭献完毕要共同分吃。因此，营养学家认为哈尼人利用节日和宗教仪式补充了大量的蛋白质，有效地保证了营养。

长街宴堪称哈尼族最具特色的饮食，一般在十月年（扎勒特）时举行，另一些地区选择昂玛突节（祭寨神）时举行。为迎接新年，全村一同就餐，由每家出一个竹篾的桌子，摆上自家最好的哈尼风味的菜肴，一个桌子挨着另一个桌子，故名"长街宴"。吃饭时，众人一边跳舞唱歌一边敬酒，请全村的老人坐在最前面几桌，以示尊敬。绿春县的长街宴则从村寨搬到了县城，最多的时候摆起了三千余桌，万人同食，十分壮观，因此进入了吉尼斯世界纪录，成为"最长的宴席"。如今，当地已经开始举办哈尼族长街宴民俗旅游节，吸引了海内外大量游客前来参加。

长街盛宴（张洪康/提供）

宴景壮观（梁荣生/摄）

长街宴歌

作词：徐荣凯 作曲：万里

演唱：谭晶

踏上哈尼梯田

乐作田个田

一级一级登尼个天

拖来彩虹当尼个桌

摆成长街宴

乐作宴个宴

梯田登尼个天

彩虹当桌摆成长街宴

梯田登尼个天

彩虹当桌摆成长街宴

乐作作一作

乐作作一作

彩虹当桌摆成长街宴

摆成长街宴

裁剪蓝色天幕

乐作幕个幕

长席铺上桌尼个布

撒下彩云嘿朵尼个朵

长街成花河

乐作河个河

天幕桌尼个布

彩云朵朵长街成花河

天幕桌尼个布

彩云朵朵长街成花河

乐作作一作

乐作作一作

彩云朵朵长街成花河

长街成花河

长街成花河

抱来火红太阳啰

点燃屋里火塘啰

户户生起炊烟啰

家家家家烧煮忙

家家家家烧煮忙

摘下弯月当刀啰

割来山茅野草啰

撒把星星作料唉

汤菜汤菜味道好

汤菜汤菜味道好

鸟鸣鸡叫狗闹啰

唱歌跳舞欢笑啰

乡情亲情爱情啰

醉了醉了路边倒

醉了醉了路边倒

啊——（合）

不分大人小人

乐作坐一坐

我们敬重老尼个人

不分这里——那里

我们都在家里

乐作坐一坐

乐作坐一坐

乐作坐一坐哎

不分男人女人

乐作坐一坐

我们都是亲尼个人

不分这处那尼个处

都是中华民族

乐作坐一坐

乐作坐一坐

乐作坐一坐

坐一坐

坐一坐

乐作坐一坐

坐一坐

坐一坐

（五）　文学艺术

　　哈尼族的文学和艺术有着悠久的历史，哈尼族文学的主体是用哈尼语演唱或讲述的神话、史诗、歌谣、传说、故事、谚语、格言、童话等民间文学。哈尼族文学的最初形态是巫觋的歌咒和祝词，人们在此基础上，创作出一大批表现对大自然和人类自身的探索的创世歌谣，较著名的有《俄色密色》（造天造地）、《俄铺咪攀》（天翻地覆）、《色十加十色》（撒万物种）。传世歌谣中的精华之作历经各个时代哈尼族人民的精心打磨，凝结成规模宏大的创世古歌。另一类文学作品反映了哈尼族长达千年艰辛的迁徙史，其中较著名的有气势磅礴的长篇迁徙史诗《哈尼阿培阿聪坡坡》（哈尼祖先的迁徙史）、《雅尼雅嘎赞嘎》（雅尼人的迁徙史）

　　和短小精悍的迁徙歌《哈尼祖先过江来》等。还有一类文学作品主要是对哈尼族民风礼俗和道德规仪的反映，其中比较著名的有婚恋习俗歌《妲耶与央才》、殡葬祭词《斯批墨遮》、悲剧叙事诗《不愿出嫁的姑娘》等。

　　诗歌是哈尼族文学的主体部分，分为叙事诗、史诗、情歌、山歌和宗教祭词等。哈尼族有诗必歌，歌诗合一。诗以歌的形式表达、保存并得以发展。

　　哈尼族的民间音乐，大致可以分为"哈巴""阿茨"、儿歌、习俗

奕车族的歌舞（李昆/摄）

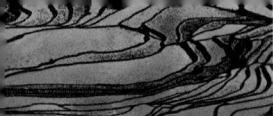

歌等类型。"哈巴"调式较多，门类基本齐全。其曲调庄重严肃，低缓深沉，是吟唱古规的歌，多用于节日、喜庆、祭祀和婚丧等隆重场合。按题材划分，可分为节日歌、祝贺歌、祭山歌、哭嫁歌、哭丧歌等。

红河州的曲艺工作者在认真整理了红河、元阳、绿春等地哈尼族民间流行的"哈巴"曲艺形式的基础上，和哈尼族民间艺人一道，把传统的"哈巴"形式改为二人对唱，说唱结合，以唱为主，演唱中辅以一定的表演动作，并运用三弦、四弦、胡琴等乐器伴奏。演唱到高潮时，三五人的小乐队进行伴唱，气氛热烈感人，使"哈巴"成为一种生动活泼的新型曲艺形式，赢得了观众的赞赏。"阿茨"是哈尼族情歌和山歌的总称，可以齐唱、独唱、对唱，曲调丰富多彩。如今，曲艺工作者在哈尼族传统调式的基础上，推陈出新，创造出歌剧《秦鲤鱼》、独唱歌曲《爱伲姑娘采茶忙》、组歌《爱伲山的春天》等民族音乐，拓展了哈尼族音乐的内涵。

哈尼文化研究员李元庆在《哈尼传统音乐的多元功能》一文中编的顺口溜总结了哈尼族民歌及其演唱风格的特点：

> 庄重吟唱是哈巴，亲昵哼唱阿尼托，
>
> 放声高歌叫哧玛，拉手迷车是娃娃。
>
> 迷煞然咪哭着唱，祈祷念唱莫丕突，
>
> 小声讲唱哧然阿，跳唱罗作乐开花。
>
> 哈尼唱歌有讲究，烘托欢乐和喜庆，
>
> 大嗓小嗓各有法，嘴唇蠕动哼鸣法。
>
> 真假结合有妙用，还有特殊波音味，
>
> 五种润腔情趁佳，喉舌共用震颤法。
>
> 冲弄散口轻吐气，喷口爆破唾声响，
>
> 蜜意柔情接无暇，驱鬼逐魔威力大。
>
> 咬咽逆气哭音唱，喜怒哀乐皆可歌，
>
> 亦悲亦喜情无价，千锤百炼成一家。

哈尼舞蹈（张红榛/提供）

哈尼族舞蹈丰富多彩，极富民族特色。主要有"哈瑟""乐作""独瑟瑟""厄崩搓"、猴子舞、棕扇舞、碗舞、白鹇舞、木雀舞等。"哈瑟"以吹弹乐器伴奏为主，节奏平缓，轻盈舒展，具有强烈的娱乐性。"乐作"以吹弹乐器伴奏为主，手舞足蹈，疾速奔放。"独瑟瑟"即跳鼓舞，扭腰拱背，诙谐古朴。"厄崩搓"即跳竹筒舞，边磕竹筒边跺脚，欢快热烈。"莫搓搓"以芒锣、牛皮鼓伴奏，动作粗犷。

多彩的民间艺术（左：李信忠/摄　右：李昆/摄）

七

改变正在发生

在全球气候变化的背景下，哈尼梯田地区在百年尺度上遭遇的干旱的强度和频率都有所增长，成灾的频率和规模也在增加。特别是2000年以后，冬季到春季连续长时间无降水或降水不足。相对我国西南部的其他地区，这里的旱情缓解较快，并不严重。但同时，哈尼梯田地处哀牢山南段，这里为山高谷深的深切割中山地貌区，对梯田系统有直接的威胁。以元阳县全福庄小流域为例，区内共调查到滑坡9个，都为小型滑坡，滑坡最大宽度50米，长度20米，厚度3~5

新式县城（闫国栋/摄）

米。滑体组成以土体为主，少数为风化岩体滑坡。除3个为古滑坡体外，其他为现代滑坡，稳定性差。滑坡形成原因主要是地形坡度大，开挖或冲沟侵蚀形成临空面，降水渗入岩土体中，岩土体在地下水的侵蚀下抗剪强度降低，从而诱发滑坡。

除了来自大自然的威胁，现代之风也日益在梯田里掀起涟漪。大力度的公路建设正所向披靡地划开山地和森林现代之风，也日益在梯田里掀起涟漪。大力度的公路建设正所向披靡地划开山地和森林，大量的化工制品，如难以降解的塑料产品，正在取代哈尼人使用了千百年的竹木工具和器皿，过去山民们传统的土墙草顶"蘑菇房"，从20世纪80年代就开始在一定规模上被砖、混凝土和石棉瓦构成的现代建筑所取代。越来越多的年轻人在离开梯田进城打工，传统的农耕生存方式受到前所未有的挑战。

更为严重的是传统价值观的衰颓。年轻人越来越频繁地接触和了解外面的世界，这对他们的冲击和改变十分强大和深入。随着老人们的不断离世，坚持古规古礼的人可能会逐渐减少；随着年轻人的走出去、外来游客和生意人的大量涌入，山民们的传统正面临转型和改变。

（一） 面临的主要挑战

❶ 青年劳动力外出务工情况严重

哈尼梯田地区的劳动力开始外出务工的时间较晚，但2005年后，这里掀起了外出务工的热潮。年轻一代逐渐放弃传统的生活习俗、宗教信仰、礼仪等传统文化，迁移到其他地方谋求更好的收入。以红河县宝华乡为例，2010 年该乡有外出务工人员3 062 人，已经达到农村劳动力总量的 19.3%，且外出务工人员 90%以上为农村青壮年（20~45岁）劳动力，传统农耕技术面临后继无人的局面。

❷ 现代农业对传统农业的冲击

20世纪80年代后，现代农业的进入，严重影响了哈尼族传统农业的发展。新的耕作方式和化肥、农药、除草剂的施用割断了传统的农耕技艺。传统梯田农业技术被逐步废弃：杂交水稻代替了传统选种、育种、多样化稻种；现代化肥代替了传统的"冲肥"；除草剂免除了农民除草、薅草的工序。外出打工的年轻人接受了外面的思想观念和城市的生产生活后，对在梯田劳动失去兴趣，对耕种的劳动强度和管理的复杂程度都感到难以承受。哈尼族在田边地头、火塘边示范身教、口耳相传的文化传承方式以及文化内容都正在流失。

❸ 大量游客涌入造成需求缺口

哈尼梯田的独特景观使其成为全球化的旅游目的地之一，旅游在给其生态环境带来巨大压力的同时，也带来了对传统社区价值观史无前例的冲击。遗产地外来旅游人口的迅速增长与脆弱的生态环境、落后的配套服务和基础设施以及遗产地传统生活方式之间的不协调，造成生态条件和社会发展良性循环的困难。

梯田景区入口处（田密/摄）

（二）危机的应对与文明的坚守

❶ 应对策略

　　"变"与"不变"是哈尼梯田遗产保护需要关注的重要方面。"变"是绝对的，"不变"是相对的，关键是什么可以变，什么不可以变，或者说变的"度"如何把握。对农业文化遗产的保护不能"一成不变"，而是应当根据实际情况进行适当的调整，但农业生态系统的基本机构与功能、重要的物种资源、农业景观、水土资源管理技术等不应发生改变，与之相关的民族文化与传统知识也不应发生大的变化。

　　对于哈尼梯田的保护与发展，要注意处理好几个关系：一是不同利益主体之间的关系，特别是政府、企业、社区和农民的关系，一定要确保农民的利益。二是不同遗产类型之间的关系，即不仅要重视物质性的梯田，还应注意非物质性的对森林与水资源、生物多样性的保护与利用的传统知识；三是不同产业类型之间的关系，即不仅要充分发挥哈尼梯田的文化价值，发展旅游业与文化产业，还应当利用其生态环境价值发展特色农业，如梯田红米；四是核心区与非核心区的关系，重要农业文化遗产的范围涉及了哈尼梯田集中分布的红河、元阳、绿春、金平四县。保护区以元阳为中心向其他三县辐射，主要包括八个片区；但作为世界文化遗产，其核心区仅划定了元阳的三个片区。实际上红河哈尼梯田是蔓延整个红河南岸的梯田系统，需要保护的是全部近百万亩耕地。

　　遗产保护中最为关键的一点是对农民利益的保护。对哈尼梯田农业文化遗产的保护需要人们广泛的积极参与，需要建立多方参与机制，即不同利益相关方相互协作、共同达到任何人都不可能单独完成的相同目的的一种机制。哈尼梯田的遗产申报、保护与发展是一个复杂的系统工程，需要多方共同参与、协作完成。具体来说，哈尼梯田发展的根本策略就是增加农民收入。农民在继续采用传统的农业生产方式的基础上，应能够从中收益，且收益不断提高，不低于来自其他行业（如旅游业）的收入。没有生产劳作，是不可能保护这些传统农业系统的。对哈尼梯田的保护也是一样，梯田作为当地居民的一种农业生产方式，具有生态价值，形成的景观具有审美价值，而所有的这些都离不开农民的耕作。因此要保护梯田就需要将农民留住，并且让他们愿意继续维持梯田这种耕作方式。

哈尼农民繁忙的劳作（张红榛/提供）

这种机制可以简单地概括为"五位一体"：第一是国际组织，哈尼梯田是具有全球意义的人类共有的农业文化遗产，需要来自联合国组织、政府间组织等的技术与经济上的支持；第二是政府机构，包括省、州、县、乡政府，他们是遗产保护工作的参与者和组织者之一，也是遗产保护工作的服务者、协调者和监督者；第三是企业，对于一个经济欠发达的地区来说，企业的参与非常重要，可能会起到一个"助推器"的作用，但是企业家一定要认识其责任和义务，这方面国内外的教训很多；第四是科技，因为哈尼梯田不是单一的自然或文化遗产，而是融自然、文化、非物质等特性在内的综合性遗产，其价值挖掘、动态保护、可持续利用涉及生态、农业、林业、水利、民族、民俗、经济、管理、旅游等众多学科和部门，还有许多问题需要研究；第五是社区，社区或以社区为基础的机构更

能适应当地特定的社会和生态条件，更能代表当地的利益和喜好，更了解当地生态变化的过程和传统的资源管理实践，更容易通过当地适应的传统途径和管理实践调动当地的人力资源和物资资源，对与他们所代表的当地人生计有关的自然资源管理决策和行动更有责任感。

❷ 应对措施

在理顺利益主体之间的关系基础上，可以从以下几方面来考虑对于哈尼稻作梯田系统的保护：

第一，发展有机农业。有机农业是一种完全不使用化肥、农药、生长调节剂、畜禽饲料添加剂等合成物质，也不使用基因工程生物及其产物的生产体系，其核心是建立和恢复农业生产系统的生物多样性和良性循环，以维持农业的可持续发展。它不仅有利于对传统农业技术和农业文化的保护，有利于对生物多样性的保护，也有利于增加农民收入、促进当地的可持续发展。哈尼梯田由于地区经济相对落后，农业发展还处于传统农业阶段，很少施用化肥农药，也为未来发展有机农业提供了良好的生态环境。以有机农产品带动传统农业发展，使农业经济在经济机构中占主体，提升农产品附加值，使农民受益于梯田，这是梯田保护的原动力。

梯田地区的有机农产品（田密/摄）

哈尼服装开发旅游商品（张红榛/提供）

第二，发展生态旅游。生态旅游强调保护自然资源和生物多样性、维持资源利用的可持续性，实现旅游业的可持续发展，它是一种具有保护自然环境和维系当代人们生活的双重责任的旅游活动。在遗产地开展生态旅游，不但可以有效地保护农业遗产，而且可以提高当地人民的生活质量而保持原来的生产方式。哈尼梯田的景观及其少数民族文化都是很好的旅游资源，目前在哈尼梯田地区也已有一定规模的旅游业。然而过度的旅游开发可能会导致非常严重的后果，这也是在遗产地开发旅游时人们所最担心的。目前哈尼梯田地区在推动农家乐形式的家庭旅游产业，这使村民收入有了很大提高，对村民自觉维护梯田是有积极作用的。但要注意的是，从传统均衡的农业经济，转向出现贫富差距的旅游经济，对社区群体、传统信仰也是有一定冲击的。

一些大型旅游服务设施，应建在乡镇上，而不是分散在村寨中；旅客应采用公共交通换乘来访，尽量减少私家车到田间地头的机会。此外，在旅游业的推进上要把村民的权益放在首位，不可急于求成。使遗产地原住民共享保护与发展的成果，这是遗产保护的关键。要建立有效的农户补偿机制，使得哈尼年轻人有扎根乡土发展的信心和自豪感，从而留住人才。

第三，利用世界文化遗产和全球重要农业文化遗产品牌，开发认证系列生态产品以提高当地居民的收入，并促进对梯田稻作景观的保护。比如：发掘或研究水稻的品种，提高水稻的产量、质量，保证粮食安全；利用水稻品种多样性混合间栽控制稻瘟病，对作物品种多样性进行农家保护，这样不仅提高了水稻的产量，同时也保护了当地农业生物的多样性；加强本地大米、野生菌、鱼、鸭、茶、香蕉、荔枝、桔子等果品及鱼腥草、水芋、水芹菜等产品的市场营销力度，在最大程度上阻止农户将水稻梯田改作其他农业用途，进行生态大米、生态蔬菜、生态鱼、生态菌等产品的认证，促进当地经济的发展，保证梯田稻作农业文化系统的稳定性和持续性，等等。

第四，保障劳动力资源，要加强对哈尼梯田人口及劳动力结构的研究与监测，保障劳动力资源与梯田需求间的平衡。哈尼梯田人地矛盾突出，梯田的开垦已达到极限。相关研究表明，离开梯田外出打工的人大多是短途打工，并且大都在插秧和收割季节回家帮忙。因此目前该地仍处于地少人多的情况，当地村民只

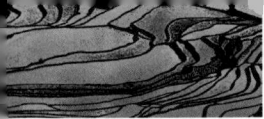

好通过增加单产和改变用地结构实现增收，做法之一就是将林下植物清除以便种植收益较高的草果等，而在林下种植草果就会使森林的蓄水能力弱化，降低生态弹性。从这个角度讲，哈尼梯田需要疏解部分劳动力人口。在劳动力流失的拐点出现前，应全面调查劳动力资源，结合产业结构调整契机，合理规划劳动力分配，使遗产地的整体人口分布与产业结构相平衡。

第五，制定以当地传统的管理理念为基础的保护计划，辅以当地留存下来的乡规民约，如对水资源的利用和管理方式、对森林的管理方式，加入现代行政管理制度，以保持边疆民族地区的生物多样性和文化多样性。林业方面，主要以提高森林覆盖率为目标，如2002~2012年即在遗产区植树造林29万亩。在农业方面，对梯田种粮农户实行良种补贴、农资综合补贴等，同时在遗产地推广沼气等新型能源，替代薪柴需求。县乡村逐级签订《基本农田保护目标责任书》，以保障耕田面积。在水利方面，近年来主要是进行了小流域治理和水利设施建设，积极保障生态机制的完整性。

第六，重视对遗产保护的科普与培训，注重城乡联动，一方面积极探索对城市居民的宣传，出版相关的图书、视频、邮票等，并逐步形成梯田地区遗产保护的志愿者制度；另一方面鼓励、组织农民参与、了解保护项目，和有关大学及研究机构合作，针对农户开展培训活动，鼓励当地年轻人从事遗产保护工作，加强对当地中小学生的传统农耕文化教育。

此外，还需要建立生态与文化保护的补偿机制，争取获得国家在文化保护、生态保护方面更多的支持。近几年生态补偿问题已经引起了广泛关注，相关的研究工作应更加深入，重点关注经济相对落后、生态相对脆弱、文化又非常丰富的地区，如何进行文化保护和生态保护的补偿问题。

总之，对于哈尼梯田的保护不应只重视保护梯田，还应保护以梯田为基础的农业、以农业为主的农民和为稻作农业提供水源保障的森林与水系、维持森林与水系的传统文化；对于哈尼梯田的利用不仅要重视旅游的发展，更应重视作为旅游吸引物的梯田景观赖以生存的农业发展；不应仅关注核心区的保护，而应从更大的范围进行保护。

附录

附录1   旅游资讯

（一）重要景点

　　哈尼稻作梯田系统核心分布区为云南省红河哈尼族彝族自治州元阳县、红河县、绿春县、金平县四县，梯田总面积85万亩；总人口约126万人，其中少数民族占总人口的91%，主要是哈尼族、彝族、傣族。

① 元阳县

梯田片区

多依树梯田：梯田面积650多公顷，是观赏日出、拍摄云海梯田及村寨的好去处。

老虎嘴梯田：有850多公顷的梯田，山势险峻，气势恢宏，以梯田水面呈现两匹奔腾骏马而闻名。

坝达梯田：梯田面积950多公顷，连绵不断的梯田从海拔800米一直延伸到2 000米，可观赏云海梯田、日落及山寨。

牛角寨梯田：位于元阳县西部，距新街镇28千米，地处西观音山脚下，梯田景观壮丽、气势磅礴。

传统村寨

大鱼塘：该村为哈尼风味餐饮接待聚集点，村寨景观具有浓郁的哈尼族地方风貌。

箐口：位于元阳县新街镇到绿春县的"晋思"公路沿线，民风民俗文化特色鲜明。

普高老寨：属新街镇多依树村委会，多依树梯田片区的最佳观赏点。

　　阿者科村：哈尼族传统蘑菇房保存最好的村寨，是一个典型的哈尼族集居村。

原始森林

　　元阳东西观音山原始森林面积18 167.6公顷，山上"观音阁"为当地各族人民筹钱而建。

❷ 红河县

梯田片区

　　撒马坝：是史书记载中最早的哈尼梯田开垦地，世界上连片规模最大的哈尼梯田。

　　他撒十二龙泉梯田：有苦樱树和甜樱树两种植物，樱花盛开至2月。

　　桂东梯田：乐育乡桂东梯田以秀丽著称，最迷人之处在于它的云海。

传统村寨

　　作夫村：距离乡政府驻地7千米，为当地最大的蘑菇房群。

　　浦玛村：是纯哈尼族支系奕车人居住的村寨，也是奕车人居住的大寨之一。

　　龙甲村：具有哈尼特色的土基瓦房与四周的青山绿水相得益彰。

　　他撒村：为十二龙泉所在村。

　　普春村：哈尼多声部古歌发源地。

东门马帮古城

　　有"江外建筑大观园"的美誉，清代的迤萨马帮将生意做到了当时为法国殖民地的东南亚国家，回乡后建起了这座中西合璧的建筑。

❸ 绿春县

梯田片区

　　桐珠梯田：连片梯田面积达3 100多亩，距县城37千米。

　　腊姑梯田：共4 500余亩梯田，距县城60千米，位于黄连山脚下。

黄连山国家自然保护区

　　区内多种珍稀树种和珍稀动物、名贵药材，是完整保存着亚热带植被的宝库。

哈尼博物馆

绿春县哈尼博物馆是目前最为系统地介绍哈尼文化的博物馆。

阿倮欧滨

位于绿春县城东部5千米处，它在世界范围内的哈尼人心目中都有着至高无上的地位，哈尼人有每年农历二月期间的属牛日去阿倮欧滨举行祭祀活动的习俗。

④ 金平县

中华蝴蝶谷、拉灯河瀑布群、天生桥、标水岩民俗区、平河草地。

金平梯田较为分散，乡镇沿线均可看到，其中较为集中的片区为位于马鞍底乡的拉灯田坝、标水岩田坝、地西北田坝等。当地生态环境优越，平河草地、中越边境天生桥等都是不错的去处。零散的梯田草垛搭配其间，别有风味。

（二）主要节日

如遇庄严的祭祀环节，请务必尊重当地民族习惯，以免亵渎哈尼神灵。

① 开秧门（康俄泼）

开秧门的日子，乡亲们会穿着传统哈尼服饰陆续走上田埂，大家聚集在寨神林周围吹拉弹唱，载歌载舞。在高声吆喝下，男人把身上的秧坨坨甩进田里，女人们纷纷下田。哈尼人栽秧的时节一般在农历三月中旬至四月上旬，具体开秧门的时间各个村寨有所不同。

尽管"开秧门"节的气氛欢乐多于隆重，但为了完整体验，建议参加时穿上哈尼服饰，并尝试插秧。

② 矻扎扎（六月年）

"矻扎扎"是进入农闲时节，庄家苗壮成长，哈尼人祈求五谷丰登的节日。各村举行或架秋千，或磨秋的体育竞技活动，还有牛皮大鼓舞等舞蹈表演，大家可以围在一起玩一日夜。

"矻扎扎"节在每年农历6月约第一轮属猪日开始，历时3~5天。各个哈尼族聚居的山寨都有，节日期间可以说是哈尼歌舞的集中表演。

❸ 昂玛突（祭寨神）

"昂玛突"是哈尼族每年春耕前最大的节日，各地时间不一，一般为1月中旬，以元阳县俄扎乡哈播村最为著名（每年农历12月初），为期3~5天。节日期间举行寨神林祭祀、长街宴等活动，其中祭寨神林为最重要事项。长街宴是街心酒席，摆在村寨路上，十分热闹，值得参与。哈尼族忌讳女性踏入圣地"寨神林"。尊重起见，外客尽量不要靠近神林探访或拍照。

❹ 扎特勒（十月年、长街古宴）

十月年是哈尼人的新年，全红河州都有隆重而热烈的新年气氛，其中要数入选吉尼斯纪录的绿春长街古宴最为著名。

❺ 奕车姑娘节

姑娘节是哈尼奕车人的情人节，于每年栽秧结束后的第一个申猴日（通常在农历4月）举行。

（三）推荐路线

元阳县

新街镇–多依树–老虎嘴–坝达–箐口–新街镇

红河县

县城–乐育–宝华–甲寅–县城

绿春县

县城–黄连山–腊姑梯田–桐珠梯田–县城

金平县

勐拉–金水河口岸–勐拉大佛寺–勐拉温泉

（四）天气情况

　　哈尼稻作梯田系统地处云南省西部亚热带山地季风气候区，是云南省典型的湿热区之一。由于海拔高低悬殊大，气候垂直变化明显，全境从低到高包含了北热带、南亚热带、中亚热带、南温带、中温带6种气候类型。每年11月至来年4月为干季，5月至10月为雨季。年平均气温16.9℃，最高年平均气温17.8℃，最低年平均气温16.5℃。最高月均温为6月，20.1℃，极端最高温为31.4℃。

（五）交通情况

❶ 机场

　　昆明长水国际机场位于昆明市东北方向，距市中心直线距离约24.5千米。出发旅客可以乘车或地铁直达候机大厅。大厅与地铁机场中心站及停车场相连，旅客可以选择地铁、出租车、社会车辆及机场大巴换乘。

　　2014年年底，云南哈尼梯田民用机场工程选址报告已通过国家民航局及中咨公司专家组评审，将元阳沙拉托场址作为推荐场址。

❷ 铁路

　　红河州内的滇越铁路，连接云南昆明和越南河内，途经开远、个旧、蒙自等州内各县；蒙宝铁路线，连接蒙自与宝秀，沿线有蒙自、鸡街、建水、石屏、宝秀等站；昆玉—玉蒙铁路线，连接昆明与蒙自，沿线有玉溪、通海、建水等站。

❸ 昆明客运站连接长水机场和周边县市

　　昆明的东部、南部客运站有开往个旧、开远、建水、元阳、绿春、红河、金平、弥勒、石屏、蒙自等州内县市的班车。红河州内交通以公路交通为主，州府蒙自的汽车站有多趟开往省城昆明及州内其他县市的客运班车。

此外，红河州的元阳、红河地区旅游服务设施较为完善，提供旅游租车服务，由于当地村与村之间不通客车，村民出行多搭乘途径货车，价钱也相对便宜。

（六）标签饮食

❶ 红米饭

红米饭米香浓郁，口感松软可口，咀嚼回味之中伴有纯纯甘甜，冷不回生，是非常美味的优质营养食用大米。

❷ 鸡肉稀饭

哈尼族做鸡肉稀饭，选材是很讲究的：鸡，必须是自家放养的本地土鸡；用米有三种，一般有紫米、糯米和普通大米可作为备选。此粥香软可口，营养丰富。

❸ 梯田鱼

田间清澈的水中养出的鱼光滑柔软，哈尼豆豉鱼、酸笋煮鱼、傣家风味的烤鱼，肉质细腻润口、味道鲜美。

❹ 糯米粑粑

糯米粑粑性粘稠味浓香，既可在火塘边烧烘食用，亦可用油在锅内煎炒食用。

❺ 玉米粑粑

将青玉米加上适量糯米用碓舂碎，成粘稠状时，再用玉米叶包裹成玉米粑粑，然后蒸熟即可吃，香甜软糯。

❻ 荞子粑粑

荞子粑粑成色金黄，味甘而略苦，冷却后依然柔软不变硬。

❼ 田螺

梯田中泥软而深，田螺肉质香甜，味美无比，含钙质较高，又有较好的药用价值。

❽ 田棚鸡

哈尼人在梯田间修建田棚并住下后，往往养鸡、鸭作伴。这种鸡以野外虫、果、叶为主食，其肉瘦细嫩，味鲜香。

❾ 哈尼族鸡肉蘸水

蘸水里面装满了各种山茅野菜等调料：鸡蛋、糯米、哈尼豆豉、芫荽、辣椒等原生态香料和鸡杂、鸡血、小葱、大蒜、苤菜根等配料多达20多种。这碗鸡肉蘸水，既是鸡肉的蘸料，又是一碗催人食欲的美味菜肴。

❿ 宝华嘎他蛋

宝华嘎他村民把鸭子放养到梯田里，鸭蛋也产在梯田里，蛋黄鲜亮血红、光泽圆润。

⓫ 元阳牛肉

元阳牛肉以香无腥而闻名，肉质细腻，来时一定要尝尝当地的酸笋牛肉，牛肉干巴。

⓬ 焖锅酒

"焖锅酒"具有悠久的酿酒历史，以稻谷、玉米、高粱为主料，味香纯厚，备受欢迎。

⓭ 烤豆腐

小铁栅架在炉上，将轻微发酵过的豆腐块烤至两面黄，蘸着辣子吃，味香，是红河的一道独特风味。

⓮ 哈尼特色：花宴、虫宴

花宴：在红河县，花也能当菜吃，有炖、炒、焖、煨、凉拌等多种食法，味道鲜美爽口、催人食欲；虫宴：通过精心的烹调，虫子口感香、醇、脆，很是爽口，十分开胃。

（七）地方特产

❶ 梯田红米

哈尼梯田海拔多在1 800多米，在北回归线上，太空中子照射强烈，又以泉水泡田，矿物质丰富，富含抗癌的红色素。购买红米最好在当地购买，否则请记住选米窍门：正宗的梯田红米卖相并不圆润光鲜，表面较粗糙，且红色较浅，有斑驳。

❷ 云雾茶

茶叶外形条索紧结重实，色泽绿润银灰，汤色清绿明亮，味爽香气持久。含有蛋白质、维生素、氨基酸、茶多酚、咖啡碱等有效的成分，属纯天然植物的绿色食品，具有清心提神、降火生津、消食化痰、抑菌降脂等独特的天然保健作用。

❸ 梯田紫米

海拔在1 200~1 600米哈尼梯田的珍贵产品，米质含有丰富的蛋白质、脂肪及花青素、核黄素、硫胺素、叶酸等多种维生素以及锌、铁、钙、磷等多种人体适用微量元素，长期食用延年益寿。

（八）注意事项

1. 最佳拍摄时间在每年11月~次年4月，其中又以1、2月最好，不过这个时候正好是春节放假，人特别多，住宿很紧张，如果要去最好提前联系好住处。

2. 很多村寨有赶集，傣、苗、哈尼、彝、瑶等民族风情浓厚，特别是衣饰上色彩斑斓，建议提早前去，看赶集的同时可抽时间逛逛周边的寨子。

3. 如果不是摄影发烧友，只是随心看看，大可不必随着人流去那些拍摄点去凑热闹，随意选一块地方都可以体味到梯田的恬静优美。

4. 专程去摄影最好是带上28~70度广角的镜头，三脚架和遮光罩这些设备也应该带上。

5. 有机会与哈尼人交流，可以更为深入地了解哈尼人的生活与文化，体验一下农耕劳作也是不错的选择。

附录2　大事记

● 2000年红河州委州政府把哈尼梯田申报世界文化遗产作为建设民族文化大州的重大项目，开始了遗产的保护与申报工作。

● 2001年1月"红河州哈尼梯田申报世界遗产办公室"成立。

● 2001年6月哈尼梯田保护区内金平县分水岭国家自然保护区成立。

● 2001年10月红河州人民政府通过《红河哈尼族彝族自治州红河哈尼梯田管理暂行办法》。

● 2003年5月哈尼梯田保护区内绿春县黄连山国家级自然保护区成立。

● 2006年6月哈尼梯田保护区民族音乐"哈尼族多声部民歌"、民族文学"四季生产调"入选第一批国家非物质文化遗产。

● 2007年8月"红河州哈尼梯田管理局"（2014年后更名为"红河州世界遗产管理局"）正式成立，负责梯田的保护与管理工作。

● 2008年6月哈尼梯田保护区民间舞蹈"乐作舞"入选第二批国家非物质文化遗产。

● 2007年11月国家林业局正式批准"红河哈尼梯田湿地公园"为国家湿地公园，也是云南省首个国家湿地公园。

● 2010年6月"哈尼稻作梯田系统"由联合国粮农组织认定为"全球重要农业文化遗产"。

● 2011年8月哈尼梯田保护区民俗项目"哈尼族昂玛突节"入选第三批国家非物质文化遗产名录。

● 2011年12月云南省政府批复同意《红河哈尼梯田保护管理规划》。

● 2013年5月红河哈尼梯田成功入选第七批全国重点文物保护单位。

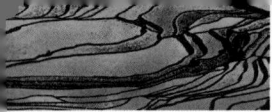

● 2013年5月"哈尼稻作梯田系统"由国家农业部认定为"中国重要农业文化遗产"。

● 2013年6月哈尼梯田列入联合国教科文组织《世界文化遗产名录》。

● 2013年8月哈尼梯田保护区红河县朋洛村、龙车村、坝美村、尼美村、桂东村、玉古村、马龙村被列入第二批中国传统村落名录。

● 2014年12月哈尼梯田保护区红河县东门街、甲寅村、作夫村，大妥赊村、大羊街村、哈冲上寨、妥女村、八哈村、树落村、腊约村，元阳县箐口村、阿者科村、哑口村被列入第三批中国传统村落名录。

附录3 全球/中国重要农业文化遗产名录

① 全球重要农业文化遗产

2002年，联合国粮农组织（FAO）发起了全球重要农业文化遗产（Globally Important Agricultural Heritage Systems, GIAHS）保护项目，旨在建立全球重要农业文化遗产及其有关的景观、生物多样性、知识和文化保护体系，并在世界范围内得到认可与保护，使之成为可持续管理的基础。

按照FAO的定义，GIAHS是"农村与其所处环境长期协同进化和动态适应下所形成的独特的土地利用系统和农业景观，这些系统与景观具有丰富的生物多样性，而且可以满足当地社会经济与文化发展的需要，有利于促进区域可持续发展。"

截至2014年年底，全球共13个国家的31项传统农业系统被列入GIAHS名录，其中11项在中国。

全球重要农业文化遗产（31项）

序号	区域	国家	系统名称	FAO批准年份
1	亚洲	中国	浙江青田稻鱼共生系统 Qingtian Rice–Fish Culture System	2005
2			云南红河哈尼稻作梯田系统 Honghe Hani Rice Terraces System	2010
3			江西万年稻作文化系统 Wannian Traditional Rice Culture System	2010
4			贵州从江侗乡稻—鱼—鸭系统 Congjiang Dong's Rice–Fish–Duck System	2011

续表

序号	区域	国家	系统名称	FAO批准年份
5			云南普洱古茶园与茶文化系统 Pu'er Traditional Tea Agrosystem	2012
6			内蒙古敖汉旱作农业系统 Aohan Dryland Farming System	2012
7			河北宣化城市传统葡萄园 Urban Agricultural Heritage of Xuanhua Grape Gardens	2013
8		中国	浙江绍兴会稽山古香榧群 Shaoxing Kuaijishan Ancient Chinese Torreya	2013
9			陕西佳县古枣园 Jiaxian Traditional Chinese Date Gardens	2014
10			福建福州茉莉花与茶文化系统 Fuzhou Jasmine and Tea Culture System	2014
11	亚洲		江苏兴化垛田传统农业系统 Xinghua Duotian Agrosystem	2014
12		菲律宾	伊富高稻作梯田系统 Ifugao Rice Terraces	2005
13			藏红花文化系统 Saffron Heritage of Kashmir	2011
14		印度	科拉普特传统农业系统 Traditional Agriculture Systems, Koraput	2012
15			喀拉拉邦库塔纳德海平面下农耕文化系统 Kuttanad Below Sea Level Farming System	2013
16			能登半岛山地与沿海乡村景观 Noto's Satoyama and Satoumi	2011
17		日本	佐渡岛稻田—朱鹮共生系统 Sado's Satoyama in Harmony with Japanese Crested Ibis	2011
18			静冈县传统茶—草复合系统 Traditional Tea-Grass Integrated System in Shizuoka	2013

续表

序号	区域	国家	系统名称	FAO批准年份
19	亚洲	日本	大分县国东半岛林—农—渔复合系统 Kunisaki Peninsula Usa Integrated Forestry, Agriculture and Fisheries System	2013
20			熊本县阿苏可持续草地农业系统 Managing Aso Grasslands for Sustainable Agriculture	2013
21		韩国	济州岛石墙农业系统 Jeju Batdam Agricultural System	2014
22			青山岛板石梯田农作系统 Traditional Gudeuljang Irrigated Rice Terraces in Cheongsando	2014
23		伊朗	坎儿井灌溉系统 Qanat Irrigated Agricultural Heritage Systems of Kashan, Isfahan Province	2014
24	非洲	阿尔及利亚	埃尔韦德绿洲农业系统 Ghout System	2005
25		突尼斯	加法萨绿洲农业系统 Gafsa Oases	2005
26		肯尼亚	马赛草原游牧系统 Oldonyonokie/Olkeri Maasai Pastoralist Heritage Site	2008
27		坦桑尼亚	马赛游牧系统 Engaresero Maasai Pastoralist Heritage Area	2008
28			基哈巴农林复合系统 Shimbwe Juu Kihamba Agro-forestry Heritage Site	2008
29		摩洛哥	阿特拉斯山脉绿洲农业系统 Oases System in Atlas Mountains	2011
30	南美洲	秘鲁	安第斯高原农业系统 Andean Agriculture	2005
31		智利	智鲁岛屿农业系统 Chiloé Agriculture	2005

❷ 中国重要农业文化遗产

我国有着悠久灿烂的农耕文化历史，加上不同地区自然与人文的巨大差异，创造了种类繁多、特色明显、经济与生态价值高度统一的重要农业文化遗产。这

些都是我国劳动人民凭借独特而多样的自然条件和他们的勤劳与智慧，创造出的农业文化的典范，蕴含着天人合一的哲学思想，具有较高的历史文化价值。农业部于2012年开始中国重要农业文化遗产发掘工作，旨在加强我国重要农业文化遗产的挖掘、保护、传承和利用，从而使中国成为世界上第一个开展国家级农业文化遗产评选与保护的国家。

中国重要农业文化遗产是指"人类与其所处环境长期协同发展中，创造并传承至今的独特的农业生产系统，这些系统具有丰富的农业生物多样性、传统知识与技术体系和独特的生态与文化景观等，对我国农业文化传承、农业可持续发展和农业功能拓展具有重要的科学价值和实践意义。"

截至2014年年底，全国共有39个传统农业系统被认定为中国重要农业文化遗产。

中国重要农业文化遗产（39项）

序号	省份	系统名称	农业部批准年份
1	天津	滨海崔庄古冬枣园	2014
2	河北	宣化传统葡萄园	2013
3	河北	宽城传统板栗栽培系统	2014
4		涉县旱作梯田系统	2014
5	内蒙古	敖汉旱作农业系统	2013
6		阿鲁科尔沁草原游牧系统	2014
7	辽宁	鞍山南果梨栽培系统	2013
8		宽甸柱参传统栽培体系	2013
9	江苏	兴化垛田传统农业系统	2013
10	浙江	青田稻鱼共生系统	2013
11		绍兴会稽山古香榧群	2013
12		杭州西湖龙井茶文化系统	2014
13		湖州桑基鱼塘系统	2014

序号	省份	系统名称	农业部批准年份
14	浙江	庆元香菇文化系统	2014
15	福建	福州茉莉花种植与茶文化系统	2013
16		尤溪联合体梯田	2013
17		安溪铁观音茶文化系统	2014
18	江西	万年稻作文化系统	2013
19		崇义客家梯田系统	2014
20	山东	夏津黄河故道古桑树群	2014
21	湖北	羊楼洞砖茶文化系统	2014
22	湖南	新化紫鹊界梯田	2013
23		新晃侗藏红米种植系统	2014
24	广东	潮安凤凰单丛茶文化系统	2014
25	广西	龙脊梯田农业系统	2014
26	四川	江油辛夷花传统栽培体系	2014
27	云南	红河哈尼梯田系统	2013
28		普洱古茶园与茶文化系统	2013
29		漾濞核桃—作物复合系统	2013
30		广南八宝稻作生态系统	2014
31		剑川稻麦复种系统	2014
32	贵州	从江稻鱼鸭系统	2013
33	陕西	佳县古枣园	2013
34	甘肃	皋兰什川古梨园	2013
35		迭部扎尕那农林牧复合系统	2013

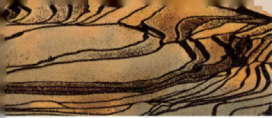

续表

序号	省份	系统名称	农业部批准年份
36	甘肃	岷县当归种植系统	2014
37	宁夏	灵武长枣种植系统	2014
38	新疆	吐鲁番坎儿井农业系统	2013
39		哈密市哈密瓜栽培与贡瓜文化系统	2014